Assaad Eli
Olivier Kle

MW01528041

PSYCHOLOGIE SOCIALE
ET RELATIONS
INTERGROUPES

DUNOD

Conseiller éditorial pour cet ouvrage :
Gustave-Nicolas Fischer

DANGER

LE PHOTOCOPILLAGE
TUE LE LIVRE

© Dunod, Paris, 1998
ISBN 2 10 003563 0

Sommaire

Chapitre 3
Les identités collectives

Chapitre 4
Le comportement collectif

Avant-propos

Il ne se passe pas un jour sans que les relations intergroupes ne soient sous les feux de l'actualité : entre Israéliens et Palestiniens, catholiques et protestants en Irlande du Nord, francophones et néerlandophones en Belgique, Tutsi et Hutu dans les pays de l'Afrique centrale, francophones et anglophones au Canada, Serbes et Musulmans en Bosnie ; mouvements séparatistes au Sri Lanka, au Pays basque espagnol, au Timor oriental en Indonésie ; réclamations territoriales des peuples indigènes au Canada, en Australie, en Nouvelle-Zélande ; débats interminables entre différents partis politiques au sein des parlements ; tensions militaires entre la Chine et Taïwan ; conflits d'intérêts commerciaux et stratégiques entre l'Union européenne et les États-Unis... Tant d'événements qui ont en commun un trait fondamental : l'implication des intérêts de collectivités et non simplement d'individus particuliers.

Les relations intergroupes constituent un domaine majeur de l'investigation en psychologie sociale. L'intérêt manifesté pour l'étude de ces relations est justifié par l'argument selon lequel les relations intergroupes sont souvent conflictuelles et constituent un problème social auquel il faut remédier. Les relations intergroupes sont ainsi envisagées en termes de relations harmoniques ou conflictuelles, et l'intérêt théorique et empirique porté à ce sujet se centre sur la clarification des facteurs qui déterminent la qualité de ces relations. Trois approches se sont historiquement développées, chacune ayant son niveau d'analyse distinct. Les trois premiers chapitres y seront consacrés.

La première approche, développée dans le premier chapitre, repose sur le postulat d'après lequel les représentations cognitives et les sentiments que les individus forment des groupes sociaux déterminent leurs comportements intergroupes. Ces représentations et sentiments incluent les impressions, attitudes, stéréotypes et préjugés. Cette première approche postule une relation causale directe entre les processus psychologiques d'ordre perceptuel et cognitif, et les relations intergroupes. Si, par exemple, les représentations stéréotypiques sont de nature rigide et de valence négative, elles pourraient être à l'origine des tensions et conflits dans les relations intergroupes.

Parallèlement, une approche moins individualiste se développe à partir des idées de Lewin et Sherif. Cette approche examine directement les déterminants des relations conflictuelles entre groupes sociaux et postule que les facteurs qui influencent la qualité des relations intergroupes se trouvent à un niveau d'analyse qui transcende l'individu. Les théories qui adoptent cette perspective, et que nous présentons dans le deuxième chapitre, s'accordent sur l'idée que la compétition inévitable pour l'acquisition ou le contrôle de ressources naturelles et économiques rares serait à l'origine du conflit.

À l'inverse, une autre approche, que nous développons dans le troisième chapitre, met l'accent sur les facteurs symboliques. Elle postule que l'harmonie ou le conflit dans les relations intergroupes résultent de processus individuels et sociaux qui visent à protéger et à promouvoir des identités socioculturelles distinctes et positives. Selon cette approche, la simple présence de différences ethniques, culturelles, idéologiques, linguistiques ou religieuses pourrait être à l'origine de l'intolérance et de la discorde.

Notre survol des connaissances accumulées en psychologie sociale dans le champ des relations intergroupes se complète, dans le quatrième chapitre, par un élargissement de notre cadre de référence. Ici nous abordons des théories et recherches que nous considérons pertinentes pour l'explication des relations intergroupes mais que nous n'avons pas intégrées dans les théories présentées dans les trois premiers chapitres. Il s'agit des théories de l'influence sociale. Comme les relations intergroupes impliquent des comportements collectifs et non plus seulement individuels, nous devons étudier les mécanismes qui président à l'harmonisation des perceptions, motivations et comportements individuels, harmonisation que nous supposons nécessaire pour l'émergence du comportement collectif.

Tout au long de cet ouvrage, nous tiendrons compte du fait que les relations intergroupes ne constituent pas un champ d'étude exclusif à la psychologie sociale. Ces relations ont intéressé sociologues, politologues, économistes, anthropologues et historiens. Étant donné cette réalité, nous ne prétendons pas que la contribution de la psychologie sociale à la compréhension de ces relations soit suffisante, mais nous soulignons qu'elle vient compléter les apports des autres disciplines. Nous essaierons donc, dans la mesure du possible, d'indiquer les liens entre les processus psychosociaux et les facteurs socioculturels et historiques.

Chapitre 1

Stéréotypes et relations intergroupes

Souvenez-vous d'Othello. Persuadé que Desdémone l'a trompé, il se comporte dédaigneusement à son égard, ne lui offre plus aucun gage d'affection et finit par l'assassiner. La conduite du souverain n'est compréhensible que si l'on est averti des soupçons qu'il entretient sur sa royale épouse. De même, une explication adéquate des relations entre groupes exige de faire référence aux représentations, aux croyances que les membres des groupes en présence échafaudent mutuellement. Ces croyances, ce sont les stéréotypes. Ce chapitre sera dédié à la façon dont la psychologie sociale a traité ce thème. Notre attention se portera ici sur l'approche cognitive des stéréotypes, qui considère ceux-ci avant tout comme des représentations individuelles. Nous analyserons aussi le lien entre les stéréotypes, les sentiments et les préjugés que nous éprouvons à l'égard d'autres groupes, et notre conduite en présence de membres de ces groupes.

I. UNE DÉFINITION DU STÉRÉOTYPE

Portrait général de la Flamande, ou du moins de la Brabançonne. Physionomie analogue à celle du mouton ou du bélier. Le sourire impossible à cause de la récalcitrance des muscles et de la structure des dents et des mâchoires. Le teint en général blafard, quelquefois vineux. Les cheveux jaunes. Les jambes, la gorge, énormes, pleines de suif, les pieds... horreur ! ! ! En général, une précocité d'embonpoint monstrueuse, un gonflement marécageux, conséquence de l'humidité, de l'atmosphère et de la goinfrerie des femmes.

C. Baudelaire, « Arguments du livre sur la Belgique », 1887 (1er éd.), *Œuvres complètes*, Gallimard, 1938, vol. 2, pp. 708-728.

Cette description peu flatteuse est de Baudelaire. À travers ce portrait, le poète énumère les traits qu'il estime partagés au sein d'une catégorie sociale (les Brabançonnes). Les psychologues sociaux définissent les stéréotypes comme des croyances à propos des caractéristiques, attributs et comportements des membres de certains groupes (Hilton et von Hippel, 1996).

En ce sens, Baudelaire formule donc un stéréotype de la Brabançonne. Si les stéréotypes sont des croyances, comment sont-elles formées ? Comment ces croyances sont-elles représentées dans l'architecture cognitive ? Dans quelles conditions sont-elles utilisées ? À quoi servent-elles ? La cognition sociale s'est efforcée de fournir des réponses à ces questions. Cette approche s'intéresse à la façon dont les êtres humains pensent aux autres. Elle conçoit essentiellement les stéréotypes comme le résultat d'un traitement individuel de l'information sur les groupes sociaux. Nous allons nous intéresser dans la section qui suit à quelques-uns des enseignements que la cognition sociale nous offre sur la nature, la formation et la fonction des stéréotypes.

II. STÉRÉOTYPES ET FONCTIONNEMENT COGNITIF

Voici une suite de chiffres. Lisez-la une seule fois attentivement puis tentez de la rappeler oralement : 2-8-8-7-6-7-8-1-0-4-6.

Avez-vous réussi ? Il est très probable que vous n'êtes pas parvenu à répéter plus de 7 chiffres. Rien d'étonnant à cela : notre mémoire à court terme n'est pas à même de stocker plus de sept à neuf unités différentes. Nous ne pouvons pas retenir un nombre illimité d'informations.

Comme la mémoire, les autres composantes de notre système cognitif ne seraient pas capables de faire face à toutes les informations disponibles. Ces limitations ont donné lieu à de nombreuses explications des stéréotypes dans les années soixante-dix et quatre-vingt. Ces formalisations se fondaient sur *le principe d'économie cognitive* : l'homme serait un être aux ressources cognitives limitées. Face au raz de marée d'informations auquel il est perpétuellement confronté, il lui serait nécessaire de recourir à des catégories et à des stéréotypes afin de simplifier la réalité.

En effet, se concentrer sur les caractéristiques individuelles de chaque personne qui nous entoure serait extrêmement coûteux en termes de ressources cognitives. Nous ne pourrions absolument pas nous permettre de procéder de la sorte.

1. La catégorisation

Vous vous promenez dans la rue. Ayant un rendez-vous à 12 h 30, vous vous demandez quelle heure il est mais vous n'avez pas de montre. Vous apercevez alors un jeune homme musclé, au crâne rasé et vêtu d'un habit militaire. Vous vous dites que c'est un skinhead. Comme, selon votre stéréotype, les skinheads sont violents, vous préférez demander l'heure à une vieille dame que vous croisez. Il vous semble plus prudent de vous adresser à elle pour obtenir ce renseignement. Vous n'avez pas le temps d'examiner si le jeune homme est réellement un skinhead, et s'il est effectivement violent. Vous ne cherchez pas non plus à savoir si la vieille dame est, comme votre stéréotype vous le laisse penser, gentille et aimable. Vous vous êtes contenté de *catégoriser* ces deux personnes en plaçant l'une dans la catégorie des skinheads et l'autre dans la catégorie des vieilles dames. Ensuite, vous avez fait appel à des connaissances concernant ces deux groupes afin de déterminer à quelle personne il était préférable de s'adresser.

> **Définition :** catégoriser consiste à regrouper des objets dans différentes classes sur la base d'un jugement de cohérence.

On placerait donc les individus qui nous entourent dans un des tiroirs que réserve notre cerveau au classement du genre humain. Remarquons que la catégorisation est essentielle à l'individu s'il veut pouvoir s'adapter à son environnement. Par exemple, si vous ne classez pas la couleur de la lumière émise par un feu de signalisation dans la catégorie « rouge », votre vie de conducteur automobile risque d'être éphémère. La catégorisation met donc de l'ordre dans l'information qui nous environne tout en permettant de nous orienter : si nous identifions la couleur du feu correctement, nous pouvons faire appel à nos connaissances sur les comportements à adopter face à des feux de cette couleur.

La catégorisation sociale désigne spécifiquement la catégorisation des êtres humains. De même que la catégorisation des objets physiques nous aide à nous adapter à notre environnement, la catégorisation sociale serait nécessaire à notre ajustement social. Elle permettrait d'interagir au mieux avec les membres d'autres groupes. Ainsi, sachant que mon invité est musulman, je ne vais pas lui imposer de manger du porc. Du reste, être capable de catégoriser des individus correctement peut s'avérer vital : imaginez combien il est crucial de pouvoir identifier le groupe d'appartenance d'une personne lors d'un conflit armé !

Selon le principe de l'économie cognitive, la catégorisation apparaît comme un raccourci économique qui permet de faire appel à des connaissances stockées en mémoire sans se concentrer sur tous les attributs de la personne. Utiliser l'information catégorielle serait à la fois plus simple et plus efficace que d'analyser chaque personne dans sa spécificité (Fiske et Neuberg, 1990). En réalité, nous n'aurions ni le temps ni les ressources suffisantes pour nous référer aux caractéristiques individuelles de chacun !

Les conséquences cognitives de la catégorisation (qu'elle soit sociale ou non) ont été étudiées de façon approfondie par les psychologues sociaux. La plus frappante d'entre elles est certainement ce que l'on appelle *le principe d'accentuation* :

> **Définition :** on perçoit les différences entre les membres de catégories différentes comme étant plus importantes qu'elles ne le sont réellement. En revanche, on exagère les similarités entre membres d'une même catégorie.

La démonstration la plus éloquente de ce processus est fournie par une expérience de Tajfel et Wilkes (1963). La tâche des sujets consistait à évaluer la longueur de huit lignes, dont les plus petites étaient classées dans une catégorie A et les plus grandes dans une catégorie B. Les sujets exagéraient systématiquement la différence entre les lignes A et B tout en considérant les lignes appartenant à une même catégorie comme étant de longueurs plus proches qu'elles ne l'étaient réellement. On remarque le même type de phénomène dans l'évaluation d'objets sociaux. Razran (1953) a ainsi présenté à des sujets des photos d'étudiantes et leur a demandé d'indiquer quels traits de personnalité caractérisaient ces jeunes filles. Deux mois plus tard, les mêmes photos étaient présentées une nouvelle fois mais elles étaient accompagnées des noms identifiant clairement l'origine ethnique de ces personnes : juive (par exemple Finkelstein), italienne (D'Angelo) ou irlandaise (O'Brien). On constate que les évaluations changeaient en fonction du stéréotype du groupe dont le nom était originaire. Affublé d'un nom juif, on devient subitement moins beau mais plus ambitieux et intelligent, alors que nanti d'un patronyme italien on apparaît moins intelligent. La simple catégorisation par le nom génère donc la perception d'une plus grande homogénéité au sein de chaque groupe et une plus grande différence entre les groupes. Remarquons en outre que les traits choisis une fois la catégorisation effectuée ont tendance à être globalement défavorables, effet qu'un simple phénomène d'homogénéisation ne peut à lui seul expliquer.

La catégorisation accentuerait donc les similarités intra-groupes et les différences intergroupes. Au lieu de considérer autrui dans sa spécificité, on le concevra donc comme un Noir, un ouvrier, un alcoolique... On lui attribuera les traits associés à cette catégorie. Dans cette perspective, le stéréo-type est une simplification exagérée : on perçoit l'exogroupe comme un ensemble homogène d'individus qui sont en réalité largement diversifiés.

2. La confirmation des attentes

Face à un inconnu, nous ferions particulièrement attention à l'information qui confirme nos attentes vis-à-vis des membres de sa catégorie. Ainsi, en présence d'un Écossais avare et agressif, nous sélectionnerions plus facilement le trait « avare » que le trait « agressif » alors que, inversement, en présence d'un jeune skinhead, ce dernier trait aurait priorité. De façon générale, on constate que l'on forme une image d'autrui de manière beaucoup plus rapide lorsque ses attributs sont en accord avec nos attentes à l'égard de sa catégorie. En outre, la confrontation à quelqu'un qui agit contrairement à nos attentes ne les modifie pas automatiquement. On peut, par exemple, recatégoriser la personne, c'est-à-dire la placer dans un autre groupe ou dans un sous-groupe : une femme effectuant des tâches masculines est plus susceptible d'être catégorisée comme homosexuelle qu'une femme s'adonnant à des activités féminines. De cette façon, le stéréotype de la femme « féminine » est maintenu. On remarque également que les informations en accord avec les attentes sont mieux conservées en mémoire.

Ce type de mécanisme expliquerait la persistance des stéréotypes : les attentes détermineraient autant la stéréotypisation qu'elles n'en seraient le produit. On comprend dès lors pourquoi les stéréotypes sont souvent décrits comme des entités rigides qu'il est extrêmement difficile de modifier. Du reste, les stéréotypes ne seraient pas seulement rigides mais également inévitables : certains n'hésitent pas à affirmer que les stéréotypes sont activés automatiquement lorsque l'on est en présence d'un membre d'un exogroupe (Devine, 1989) ! Le principe de l'économie cognitive suggère plus généralement que l'utilisation des stéréotypes est le résultat du fonctionnement par défaut du système cognitif. Seule une volonté active de les ignorer permettrait d'y échapper. Un tel tableau offre une vision passive de l'être humain. Celui-ci serait la victime permanente de son appareil cognitif.

3. La représentation des stéréotypes

Une des préoccupations principales de l'approche cognitive consiste à déterminer comment les stéréotypes sont représentés dans le système cognitif.

Une première perspective considère le stéréotype comme une *représentation prototypique*. Selon cette optique, nous disposerions d'une représentation d'un membre caractéristique de chaque groupe qui combinerait les attributs les plus souvent associés à ce groupe.

Ainsi, le Français prototypique porterait un béret, une baguette, serait chauvin, aimerait le vin, etc. Aucun de ces traits ne serait nécessaire ou suffisant pour que quelqu'un soit catégorisé comme membre de ce groupe. C'est la proximité

avec ce prototype « idéal » qui dicterait le choix de la catégorie. En outre, les catégories seraient organisées hiérarchi-
quement : par exemple, au sein de la catégorie des personnes
engagées, il existerait deux sous-groupes selon que cet engagement se fonde sur des convictions religieuses ou politiques.
On peut également diviser les « religieux » selon le type de
croyances qu'ils affectionnent, et ainsi de suite. À chaque
niveau de catégorisation seraient associés des traits caractéristiques, de telle sorte que les traits situés à un niveau soient
également présents à tous les niveaux inférieurs : si, à un
niveau très général, les personnes engagées sont conçues
comme altruistes, alors, à un niveau plus restreint, la sous-
catégorie des moines bénédictins sera également considérée
comme telle.

Selon une seconde optique, il n'y aurait pas de représentations abstraites des groupes mais seulement des *représentations par exemplaires* : des images de différents membres
exemplaires d'un groupe sont stockées dans notre mémoire.

Notre stéréotype de l'Anglais dépendrait des Anglais auxquels nous avons effectivement été confrontés directement
ou indirectement – Margaret Thatcher, Churchill, le supporter de Manchester United que l'on a rencontré en
vacances, etc. Nous catégoriserions quelqu'un comme
Anglais s'il ressemble à ces personnes.

Enfin, certains chercheurs soucieux de concilier ces
approches considèrent les stéréotypes comme un réseau liant
des traits, des comportements caractéristiques et éventuelle-
ment des exemplaires particulièrement saillants du groupe en
question. Chacun de ces éléments constituerait un des
« nœuds » du réseau. L'activation de certains de ces nœuds
se propagerait à d'autres. Par exemple, voir une photo de
Michael Jordan activerait le nœud « Noir américain », qui
lui-même activerait « rap », « sport » et « pauvreté ». La
force des liens entre deux nœuds dépendrait de la fréquence
et de la régularité avec laquelle les deux éléments ont été
activés conjointement.

4. Stéréotypes et explication

L'approche cognitive suggère que les catégories et les stéréotypes sont avant tout des descriptions de la réalité. Cette conception suppose qu'à un certain degré ils reflètent effectivement les caractéristiques des groupes auxquels ils font référence. Ils seraient donc dotés d'un noyau de vérité. Telles des ombres chinoises, ils nous offriraient une vision épurée, appauvrie de la réalité mais il existerait une certaine isomorphie entre la représentation et son objet. Le processus opposé à la catégorisation, l'individualisation, permettrait, quant à lui, de se former une vision « exacte » d'autrui. En considérant l'autre dans sa spécificité, on le jugerait plus fidèlement à ce qu'il est réellement.

Si le stéréotype nous fournit une *représentation* de la réalité, il sert aussi à *expliquer* cette réalité. Nous allons examiner trois domaines où le stéréotype contribue à expliquer la réalité.

Considérons tout d'abord le choix des catégories. Le choix d'une division catégorielle ne répond pas uniquement à une volonté de décrire passivement les objets qui nous entourent. Nous optons pour des catégories explicatives (Corneille et Leyens, 1994). Le regroupement de différents objets dans un même ensemble n'est pas uniquement dicté par des rapports de similitude ; il dépend de l'existence d'une théorie qui permet de rendre compte de ces similitudes. Nous plaçons la glace, l'eau et la vapeur dans une même catégorie parce que nous disposons d'une théorie permettant d'expliquer le passage d'un état à l'autre et non parce qu'elles se ressemblent. De même, la division de l'humanité en races repose implicitement sur l'idée que celles-ci sont le fruit de déterminismes biologiques. Les catégories ne servent donc pas exclusivement à réduire l'information mais également à lui donner un sens, c'est-à-dire à l'enrichir.

Deuxièmement, les traits stéréotypiques permettent d'expliquer le comportement des membres d'un autre groupe. Ainsi, Duncan (1976) a présenté à des étudiants une interaction filmée mettant en scène deux personnes. La discussion prenait une tournure de plus en plus violente et l'un des deux protagonistes finissait par donner une bourrade à son compagnon. On demandait ensuite aux sujets s'ils considéraient ce comportement comme violent. L'appartenance ethnique de l'auteur du coup était manipulée : lorsque celui-ci était noir, la majorité des sujets percevaient le comportement comme violent, alors que seule une minorité d'entre eux fournissaient une telle interprétation s'il était blanc. En outre, le comportement était plus attribué à des facteurs de personnalité et moins à des facteurs situationnels s'il était effectué par un Noir. Sachant qu'aux États-Unis, l'agressivité est un des traits associés aux Noirs, il est clair que le stéréotype a servi ici à interpréter un comportement ambigu.

Troisièmement, les traits qui décrivent les membres de la catégorie sont eux aussi dictés par des contraintes explicatives. Les traits forment une théorie permettant de s'expliquer mutuellement. Nous ne choisissons pas des traits individuellement en fonction de leur pouvoir descriptif, mais un ensemble de traits cohérents et reliés entre eux. Par exemple, le stéréotype du Noir comme paresseux permet d'expliquer d'autres caractéristiques, comme sa pauvreté ou son manque d'éducation.

Cela conduit certains auteurs (Hilton et von Hippel, 1996 ; Yzerbyt et Schadron, 1994) à intégrer cette dimension explicative dans la définition même des stéréotypes :

> Les stéréotypes ne sont pas seulement des croyances concernant des groupes, mais des théories permettant d'expliquer comment et pourquoi certaines caractéristiques vont ensemble.
>
> J. L. Hilton et W. von Hippel, « Stereotypes »,
> *Annual Review of Psychology* n° 47, 1996, pp.237-271.

Il semble donc que les stéréotypes permettent autant d'expliquer que de décrire. Leur utilisation dépend du type d'objectif que poursuit l'observateur. Ils ne seraient alors plus uniquement le résultat du fonctionnement passif du système cognitif mais, au contraire, l'actualisation d'une volonté de comprendre ou de décrire. Ces quelques réflexions suggèrent que l'utilisation et le contenu des stéréotypes sont dictés partiellement par la motivation. Dans la section qui suit, nous allons examiner cette problématique de façon plus approfondie.

5. Stéréotypes et motivation

Lorsque nous sommes confrontés à quelqu'un dont nous devons former une impression, nous avons généralement un objectif. Il est probable que notre tendance à utiliser les stéréotypes dépend du type d'interaction que nous vivons avec cette personne. C'est ce qu'ont montré Neuberg et Fiske (1987).

Dans leur expérience, les sujets s'attendaient à effectuer conjointement une tâche avec un patient schizophrène, Frank. Leur réussite à cette tâche était associée à une récompense. Cependant, cette récompense n'était pas toujours distribuée sur les mêmes bases. Pour certains, elle dépendait de leur contribution individuelle à la tâche (indépendance). Pour d'autres, elle était conditionnée par la qualité de leur performance conjointe (dépendance). Dans ce cas, le sujet dépendait donc du patient pour l'obtention de la récompense. Ensuite, sur la base d'un texte dans lequel Frank se décrivait, on leur demandait d'estimer dans quelle mesure ils le trouvaient sympathique. Sachant que le stéréotype du schizophrène est négatif, juger Frank antipathique revient, selon Neuberg et Fiske, à s'aligner sur le stéréotype. Les réponses des sujets montrent que lorsqu'ils sont dépendants, ils s'écartent plus de celui-ci que dans la condition d'indépendance. Alors que dans ce dernier cas ils se fondent sur le stéréotype du schizophrène, lorsqu'ils sont dépendants ils utilisent l'information disponible pour former la représentation la plus « exacte » possible de Frank, c'est-à-dire extraite de ses caractéristiques individuelles telles qu'elles sont décrites dans le texte.

L'interprétation de Neuberg et Fiske est la suivante : l'atteinte d'un objet désiré dépend toujours d'un agent qui contrôle l'accès à cet objet (soi-même, la personne dont on forme une impression ou un tiers). Dans l'expérience précédente, l'objet désiré est la récompense. Les deux personnes (sujet et schizophrène) contrôlent l'accès à cette récompense dans la condition de dépendance, alors que le sujet est seul dans la condition d'indépendance. L'agent définit des critères permettant d'obtenir cet objet. Dans la condition de dépendance, il s'agit de travailler efficacement ensemble. Dans l'autre condition, il faut simplement travailler le plus efficacement possible individuellement. À leur tour, ces critères vont déterminer l'objectif de notre jugement d'autrui. Ici, dans la condition de dépendance, il est important de former une image exacte du schizophrène et par conséquent le percevoir dans son individualité sans recourir au stéréotype. En revanche, dans la condition d'indépendance, un tel objectif d'exactitude n'est pas nécessaire.

Plusieurs recherches démontrent effectivement que la motivation peut affecter la formation d'impressions même si elle ne concerne pas toujours directement les stéréotypes : ainsi, le fait d'être responsable de son jugement devant autrui ou l'ampleur des conséquences possibles d'une erreur ont tendance à accroître la richesse et la complexité des jugements.

On le voit, le type d'impression qu'on formera de quelqu'un est loin d'être uniquement déterminé par les caractéristiques de l'objet social, comme le laissait sous-entendre l'approche cognitive. Au contraire, l'usage des stéréotypes et, plus généralement, le jugement d'autrui semblent s'adapter au contexte, aux objectifs poursuivis à travers le jugement. Après tout, il est rare que notre ambition soit de parvenir à une impression parfaitement exacte et complète de la personne que nous avons en face de nous. Généralement, seule une information limitée mais cohérente avec nos préoccupations du moment nous suffira. Ainsi, si vous jouez un match de tennis avec la ferme intention de remporter la victoire, le type de jeu qu'affectionne votre adversaire (service-volée ? balles de fond de court ?) vous intéressera au premier chef. Qu'il soit jovial et bon vivant vous indifférera. En revanche, si votre but est uniquement de vous amuser, vous ne vous soucierez pas de ses options tactiques alors que vous serez attentif à sa bonne humeur et à son enthousiasme.

Ce type de raisonnement a amené Oakes et Turner à affirmer que les approches en termes d'économie cognitive se trompent lorsqu'elles considèrent que nous sommes submergés d'informations. À leurs yeux, « l'information, c'est ce que l'observateur a besoin de savoir à n'importe quel moment pour atteindre ses objectifs » (Oakes et Turner, 1990). Définie ainsi, l'information qui nous environne est relativement limitée. La catégorisation ne servirait pas à la réduire mais à la rendre utile à nos préoccupations du moment.

La motivation apparaît comme une variable intermédiaire qui affecte indirectement l'utilisation des stéréotypes en modulant les objectifs que poursuit l'observateur social. L'être humain serait un « tacticien motivé » (Fiske et Taylor, 1991). Ses désirs du moment le pousseraient à former une impression plus ou moins exacte de ceux qui l'entourent. Plus il souhaiterait être fidèle à la réalité d'autrui, moins il recourrait aux stéréotypes.

III. STÉRÉOTYPES ET CONTEXTE SOCIAL

Depuis les premiers travaux (Katz et Braly, 1933) jusqu'à l'émergence de la cognition sociale à la fin des années soixante-dix, l'étude des stéréotypes consistait principalement à effectuer des inventaires. De nombreux sujets (souvent des étudiants américains de premier cycle) devaient cocher sur des listes les traits qui leur semblaient caractéristiques de différents groupes sociaux. Étaient considérés comme stéréotypiques les traits qui étaient sélectionnés par une proportion significative d'étudiants. Avec l'apparition de la cognition sociale, cet intérêt pour le contenu des stéréotypes s'est peu à peu dissipé pour faire place à une attention exclusive envers les processus par lesquels ils se forment, se maintiennent ou disparaissent. Pourtant, le fait même que les sujets s'accordent sur la description de certains groupes constitue un défi à une approche strictement cognitive des stéréotypes. Si les stéréotypes provenaient de mécanismes purement perceptifs, on devrait s'attendre à ce que chacun ait ses propres stéréotypes : les membres de l'exogroupe qu'un individu rencontre ne sont pas identiques à ceux que croise son voisin. Le caractère consensuel des stéréotypes indique qu'une telle approche est insuffisante : nos attentes à l'égard de membres d'autres groupes proviennent en grande partie de notre groupe d'appartenance. Si effectivement ces attentes contribuent à sélectionner les traits qui entreront dans notre impression d'autrui, on peut en déduire que notre perception est guidée par des représentations partagées au sein du groupe. Telle une lentille, celui-ci grossit certaines caractéristiques, les rendant plus saillantes.

1. Stéréotypes et différenciation

Selon Tajfel (1981), les stéréotypes servent différentes fonctions. Deux d'entre elles sont de nature individuelle. La première est cognitive : il s'agit de mettre de l'ordre dans son environnement social, de lui donner un sens. Nous avons déjà eu l'occasion d'examiner cette fonction. La seconde consiste à préserver les valeurs existantes. En différenciant des groupes selon des dimensions valorisées dans la société, les stéréotypes permettent de protéger notre conception du monde. Par exemple, en décrivant un groupe social comme grégaire et indifférencié, nous protégeons notre idéologie individualiste. Trois autres fonctions sont qualifiées de sociales : la première est une fonction d'explication. Les stéréotypes serviraient à expliquer la réalité sociale, par exemple en désignant un groupe comme bouc émissaire (« Les immigrés sont responsables du chômage »). À travers la fonction de justification sociale, liée à la précédente, le stéréotype permettrait de rationaliser les actions collectives à l'égard de l'exogroupe. Enfin, la dernière fonction, de différenciation, est liée à l'identité sociale. Pour illustrer cette fonction de différenciation, il suffit de relire le portrait des Brabançonnes peint par Baudelaire. Il est peu probable que cette description soit uniquement une représentation simplifiée des nombreuses Flamandes qu'il a pu croiser à Bruxelles, comme le laisse entendre le principe de l'économie cognitive. Il y a manifestement derrière ce « stéréotype » une volonté de déprécier ce groupe social. Du reste, la plupart des stéréotypes sont globalement négatifs. Comment expliquer cette régularité ? Parmi les différentes fonctions remplies par les stéréotypes, la plus évidente est sans doute la mise en valeur de l'endogroupe. En peignant une image négative des autres groupes, les stéréotypes contribuent à différencier l'endogroupe, et ainsi à acquérir une identité sociale positive. Lorsque l'on dépeint les Américains comme « incultes », on différencie positivement notre groupe sur la dimension « culture ». Cette fonction permet d'expliquer pourquoi les stéréotypes déprécient systématiquement les exogroupes. S'ils n'étaient que le résultat du fonctionnement cognitif individuel, on voit mal pourquoi les membres d'autres groupes devraient être décrits en termes moins flatteurs que ceux de l'endogroupe. Cette fonction de différenciation qu'exercent les stéréotypes illustre une nouvelle relation entre motivation et stéréotype. Non seulement la motivation influence la façon dont va être utilisé le stéréotype, mais elle en conditionne également le contenu.

2. Variabilité des stéréotypes

Les stéréotypes sont-ils des représentations rigides fixées une fois pour toutes, comme le sous-entendait le principe de l'économie cognitive ? Ou sont-ils, au contraire, des entités flexibles qui varient en fonction de la situation dans laquelle ils sont utilisés ? Selon la théorie de l'autocatégorisation, le choix d'une catégorie est éminemment dépendant du contexte social dans lequel se situent les objets catégorisés. Le stéréotype est conçu comme l'ensemble des caractéristiques qui représentent au mieux la spécificité du groupe par rapport aux autres groupes présents tout en maximisant les similarités intragroupe.

John Turner et ses collègues ont effectué plusieurs études démontrant la variabilité des stéréotypes en fonction du contexte. Dans l'une d'elles, ils ont demandé à des Australiens de décrire un groupe social, celui des Américains. Ils ont fait varier le contexte. La première manipulation concernait le contexte de comparaison : outre les Américains, les sujets devaient décrire deux, trois ou quatre autres groupes. La seconde manipulation avait trait à l'évolution des relations entre les groupes. Cette expérience a eu lieu à deux périodes distinctes : lors du début de la période de tension qui a précédé la guerre du Golfe (en septembre 1990) et à la fin du conflit (février 1991). Le changement des relations entre les différents groupes à travers le conflit constituait une autre manipulation du contexte. Comme le prévoit la théorie, le stéréotype des Américains a varié durant cet intervalle. Ainsi, ils étaient perçus comme moins directs et moins « scientifiques » à la fin du conflit qu'au début et comme plus arrogants et défenseurs de la tradition. Le nombre de groupes de comparaison affectait également le contenu du stéréotype : si la Russie était incluse, les Américains étaient décrits comme plus agressifs et ignorants. Le stéréotype n'est donc pas une représentation rigide. Les traits qui permettent de distinguer le groupe dans un contexte donné seront les plus saillants.

Turner et ses collègues récusent l'idée selon laquelle le stéréotype fournit une information simplifiée et par conséquent moins exacte que l'information individuelle. Pour eux, l'information catégorielle n'est pas erronée en elle-même. Quand une catégorie est saillante, cette information est même plus adéquate qu'une information individualisante. Pour un soldat russe présent à Stalingrad, catégoriser le Berlinois qui lui fait face comme un soldat allemand, agressif et désireux de mettre fin à ses jours est-il moins pertinent que de le considérer dans son individualité comme un grand amateur de vin bavarois, qui a fait des études de chimie à Lübeck ? Dans un tel contexte, l'information catégorielle est plus exacte que l'information individuelle car elle permet d'interpréter la situation en accord avec les contraintes du moment.

C'est pourquoi le stéréotype conduit souvent à exagérer les différences : il est possible que le soldat allemand ne soit pas réellement animé d'une forte agressivité à l'égard de son adversaire russe mais cette agressivité est une caractéristique pertinente et même fondamentale dans le contexte de la bataille de Stalingrad. En exagérant la réalité, les stéréotypes soulignent les différences significatives dans un contexte donné. Chacun va s'attribuer les caractéristiques qui reflètent son endogroupe et rejeter celles qui définissent l'exogroupe. Les stéréotypes permettent de juger la personnalité des individus auxquels on est confronté. Ils sont sans doute perçus comme plus informatifs que des traits physionomiques. La mise en exergue de ces différences à travers le stéréotype n'exagère pas la réalité, mais souligne les différences saillantes dans un contexte de comparaison donné. Il n'existe pas de réalité « objective » que le stéréotype accentuerait. Toute réalité se mesure à l'aune des dimensions pertinentes à un moment donné et qui différencient les catégories en présence.

IV. LES RELATIONS ENTRE STÉRÉOTYPES ET PRÉJUGÉS

Définition : le *préjugé* est une attitude à l'égard des membres d'un certain exogroupe dont la valence est à dominance négative.

Il est donc distinct du stéréotype : alors que celui-ci est une croyance (« Les Hollandais sont commerçants »), le préjugé est une évaluation (« Je n'aime pas les Hollandais »). Il n'a aucun contenu en lui-même. Le préjugé et le stéréotype sont liés en ceci qu'ils présupposent le regroupement des membres d'un exogroupe au sein d'une même entité. Exprimer une attitude à l'égard d'un exogroupe implique de considérer cet exogroupe comme un ensemble discret d'individus unis par certains rapports de similarité.

Existe-t-il une relation entre la tendance à décrire un groupe en termes stéréotypiques et le préjugé à son égard ? Pour répondre à cette question, Lalonde et Gardner (1994) ont demandé à des étudiants canadiens anglophones d'indiquer à quel point ils considéraient que les membres de trois groupes différents (Américains, Canadiens français et Canadiens anglophones) pouvaient être caractérisés par différents traits. Par exemple, les sujets devaient indiquer sur une échelle à sept points s'ils trouvaient que les Américains étaient :

rationnels o o o o o o o émotionnels

La tendance à stéréotyper est mesurée par le degré d'extrémité des cases choisies. Ensuite, les étudiants devaient exprimer leur attitude à l'égard de ces groupes. Lalonde et Gardner n'ont guère trouvé de corrélation entre la tendance à stéréotyper les exogroupes et les attitudes. En revanche, ils ont constaté une relation entre la tendance à stéréotyper *l'endogroupe* et l'attitude par rapport à celui-ci. Ce dernier résultat est en accord avec la théorie de l'identité sociale (Taj-

fel et Turner, 1986 ; *cf.* chap. 3), selon laquelle la catégorisation renforce les sentiments d'identification à l'endogroupe. Remarquons que l'absence de lien entre tendance à
stéréotyper un exogroupe et préjugé n'est pas une découverte récente (*cf.*, par exemple, Brigham, 1971 ; Stroebe et
Insko, 1989).

Alors n'existe-t-il aucune relation entre tendance à stéréotyper et attitude ? Plutôt que de se poser cette question de
façon aussi directe, il est préférable de s'interroger sur le type
de lien qui pourrait exister entre ces deux concepts. Comme
le préjugé est une attitude, un petit détour par la théorie des
attitudes pourrait nous être utile.

1. Les stéréotypes comme fondements du préjugé

Selon l'une des théories les plus influentes, la théorie de l'action raisonnée (Ajzen et Fishbein, 1981), l'attitude à l'égard
d'un objet se fonde essentiellement sur les croyances que l'on
entretient avec cet objet. Souvenons-nous de notre définition
du stéréotype : un ensemble de croyances à propos d'un
groupe déterminé. Si un individu croit que les juifs sont intelligents et qu'il valorise l'intelligence, cette croyance le
conduira à une attitude positive à l'égard de ce groupe. Par
contre, s'il considère que les juifs sont avares, et qu'à ses yeux,
l'avarice est répréhensible, cette croyance tendra à diminuer
son attirance pour les juifs. Cette croyance devrait être plus
influente si l'individu pense que la plupart des juifs sont avares
que s'il croit seulement qu'une faible minorité de ceux-ci ont
des affinités avec Picsou. Si ce raisonnement est exact, on peut
formuler la prédiction suivante : l'attitude à l'égard d'un exogroupe sera d'autant plus favorable que ses membres sont perçus comme partageant des traits valorisés et que ces traits sont
perçus comme fréquents dans ce groupe.

Cette hypothèse a été testée empiriquement par Esses, Had-
dock et Zanna (1993). En effet, ils ont constaté que l'attitude à l'égard de trois groupes différents était prédite par un
indice dépendant de la valorisation des traits que l'on attri-
buait à ces groupes et de la fréquence perçue de ces traits.
S'ils ont trouvé une relation entre stéréotype et attitude, ils
ont néanmoins effectué une distinction entre stéréotype

consensuel et stéréotype individuel. Le stéréotype consensuel correspond aux traits que l'on sait communément attachés à des groupes sociaux, sans pour autant adhérer soi-même à cette représentation. En revanche, le stéréotype individuel est composé des croyances relatives à ces groupes mais qui ne sont pas forcément partagées. Ce n'est pas parce que l'on sait que l'avarice est un trait communément associé aux juifs que l'on croit pour autant que les juifs sont avares. Dans l'étude de Esses *et al.*, seul le stéréotype individuel était lié aux attitudes intergroupes. L'échec de leurs prédécesseurs dans la recherche d'un lien entre les deux concepts provient peut-être d'une attention exclusive pour le stéréotype consensuel.

Devine (1989) a fourni des données en accord avec cette distinction. Elle s'est demandé si les personnes ayant un niveau de préjugé élevé ont plus facilement tendance, lorsqu'elles évaluent quelqu'un, à recourir aux stéréotypes que les personnes « tolérantes ». En premier lieu, elle constate que les deux groupes sont également informés de la teneur du stéréotype consensuel. L'un comme l'autre connaissent le stéréotype du Noir tel qu'il est véhiculé dans la société américaine. Pour examiner si ce stéréotype affectait l'évaluation de cibles individuelles, elle a présenté des mots associés au stéréotype consensuel du Noir de telle sorte que ces mots ne puissent pas être perçus consciemment. Ensuite, la tâche consistait à évaluer le héros d'une historiette dont la race était ambiguë. Les sujets à qui on avait présenté inconsciemment ces stimuli décrivaient la cible de façon plus négative (et en accord avec le stéréotype du Noir) que ceux à qui on avait présenté des mots neutres. Ceci était vrai quel que soit leur niveau de préjugé. Devine en conclut que la mise en présence du stéréotype a pour conséquence d'activer automatiquement le préjugé. Comme l'activation du stéréotype est inconsciente, ses effets sont incontrôlables. En revanche, lorsque les personnes à faible niveau de préjugé sont confrontées à des membres d'exogroupes, elles parviennent à réprimer ces pensées et à les remplacer par ce que Devine appelle des croyances personnelles concernant l'autre groupe, qui seraient plus tolérantes. De telles croyances sont conceptuellement équivalentes au stéréotype individuel. Toutefois, les personnes à haut niveau de préjugé acceptent les pensées négatives sans les refouler. En accord avec cette hypothèse, Devine montre que, lorsqu'on leur demande de générer les pensées qu'évoquent en elles les Noirs américains, les personnes à haut niveau de préjugé reflètent le stéréotype alors que celles qui sont tolérantes expriment des pensées beaucoup plus positives. Dans ce cas, le stéréotype devait être activé consciemment puisque le label catégoriel était présenté ouvertement. Par conséquent, il était possible d'inhiber ses effets.

Les hypothèses de Devine sont intéressantes mais ses arguments empiriques sont malheureusement faibles ; il est possible que les différences entre la configuration des résultats dans la tâche d'évaluation et celle dans la tâche de génération de pensées ne soient pas dues au fait que l'information catégorielle est présentée consciemment ou non, mais simplement à la nature de la cible : un individu ou un groupe. Lorsqu'on doit évoquer un groupe entier, il est probable qu'on soit moins prompt à manifester des attitudes négatives que lorsqu'on doit juger un individu. Affirmer qu'une personne isolée est agressive n'implique pas que l'on soit « raciste », alors que tel est le cas si vous affirmez que « Les Noirs sont agressifs ». Par conséquent, les résultats de Devine pourraient s'expliquer par le fait que les personnes à faible niveau de préjugé souhaiteraient simplement protéger leur image en évitant l'étiquette « raciste ». Du reste, il est bien établi que la relation entre stéréotype et attitude dépend de l'objet de l'attitude : selon qu'il s'agit du groupe entier ou de l'un de ses membres, les résultats diffèrent (Brigham, 1971). Remarquons également qu'une réelle dichotomie entre stéréotype individuel et stéréotype consensuel n'est pas nécessairement souhaitable car nos convictions intimes sont largement déterminées par les croyances fortement répandues dans notre groupe.

Malgré l'existence d'une relation entre stéréotype et attitude dans certaines études, cette relation est faible, laissant entendre que les croyances à propos d'un groupe sont loin d'être l'unique déterminant des attitudes. S'il en est ainsi, quel(s) complice(s) se sont adjoints les stéréotypes pour fomenter les préjugés ? Une théorie unidimensionnelle des attitudes, fondée uniquement sur la cognition (les croyances), semble insuffisante pour répondre à cette question. Récemment, certains psychologues sociaux (Eagly et Chaiken, 1993 ; Zanna et Rempel, 1988) ont exhumé une conception des attitudes qui avait dominé la psychologie sociale avant que celle-ci ne soit submergée par l'approche cognitive. Selon cette conception ancienne (Allport, 1954), les attitudes émergent certes de la cognition, mais également des affects associés à un groupe donné ainsi que des comportements en rapport avec ces groupes. Examinons tour à tour ces deux « nouvelles » dimensions.

2. La dimension émotionnelle des attitudes intergroupes

La joie d'avoir marqué un but, la colère à l'égard d'un arbitre incompétent, la haine de l'adversaire, la tristesse face à une défaite : les émotions que peut susciter un match de football sont très diverses. Ce spectacle si commun est la preuve de la teneur émotionnelle de l'identification à un groupe. Du reste, Tajfel (1981) affirmait qu'au-delà de sa dimension cognitive (la catégorisation) et évaluative (connotation positive ou négative), l'identification avait également une valeur émotionnelle « dans la mesure où ces aspects cognitifs et évaluatifs peuvent être accompagnés d'émotions (telles que l'amour ou la haine) à l'égard de son propre groupe et de ceux qui y sont liés » (p. 229).

La perspective dominante sur les émotions envisage celles-ci comme des réactions à des événements qui affectent directement les intérêts de l'individu, qui peuvent donc lui être bénéfiques ou nuisibles. Le type d'émotion suscitée dépendrait de la façon dont on évaluerait ces événements. Ainsi, la peur pourrait être déclenchée par la perception que quelqu'un de plus puissant que soi souhaite vous nuire. Chaque émotion provoquerait des tendances à l'action spécifiques : dans le cas de la peur, la tendance à l'action consisterait à s'éloigner, alors que la joie ou la passion engendreraient une tendance à s'approcher. Elle enclencherait aussi des mécanismes physiologiques permettant de mobiliser les ressources nécessaires à la mise en œuvre des tendances à l'action. Dans cette optique, les émotions servent à mieux gérer les interactions de l'individu avec l'environnement selon ses intérêts du moment.

Eliot Smith (1993) a proposé d'étendre cette conception individualiste des émotions aux relations intergroupes. En substance, il affirme que si, d'une part, on considère que l'appartenance au groupe est une composante de la définition du soi et que, d'autre part, les émotions sont déclenchées par l'évaluation des conséquences d'un événement sur le soi, alors l'évaluation d'événements pouvant affecter le groupe entier devrait également induire des émotions. Lorsque l'équipe adverse marque un but, le supporter ne considère pas cet événement comme étranger à ses propres préoccupations. Il le vit intimement comme s'il en était lui-même victime. Selon la façon dont on évalue le comportement des membres d'autres groupes, on nourrirait différentes émotions. Un groupe qu'on trouve « sale » provoquerait du dégoût et donc une tendance à l'action telle que l'éloignement alors qu'un groupe perçu comme « profiteur » provoquerait un sentiment de colère et donc un désir de lui nuire en réduisant ses avantages sociaux. La répétition de ces évaluations dans des situations discrètes pourrait, à terme, générer des émotions relativement stables qui seraient fortement associées à des groupes précis. Dans cette perspective, le stéréotype n'est pas conçu comme un ensemble de traits abstrait et décontextualisé. Il s'agit plutôt d'une évaluation du comportement et des caractéristiques d'autrui en tant qu'influences potentielles sur le soi défini au niveau du groupe. Le stéréotype de l'exogroupe est donc en relation avec l'endogroupe. Cette formalisation offre l'avantage de lier théoriquement le stéréotype (défini comme une évaluation), le préjugé (une émotion) et la discrimination (une tendance à l'action). Un autre de ses mérites réside dans sa spécificité : chaque groupe éveillera des émotions différentes et donc des tendances à l'action spécifiques. La discrimination et le préjugé seraient donc des entités plurielles dépendant des émotions spécifiques éveillées par le groupe.

L'importance de l'affect dans les attitudes à l'égard d'exogroupes est illustrée par une étude de Dijker (1987). Les sujets, des Amstellodamois, devaient faire part des émotions qu'avaient suscitées différents groupes ethniques (Turcs, Surinamiens, Marocains...). En accord avec la conception de Smith, il a constaté que les groupes étudiés déclenchaient chacun des émotions différentes : certains évoquent l'anxiété, d'autres l'irritation ou l'admiration. En outre, ces émotions étaient fortement liées aux attitudes à l'égard de ces groupes ainsi qu'aux tendances à l'action qu'ils éveillaient.

La recherche de Dijker a utilisé des mesures des émotions uniquement basées sur la verbalisation : les sujets devaient généralement exprimer l'émotion qu'ils avaient ressentie. On peut évidemment s'inquiéter de la validité de telles mesures : une personne raciste n'aura-t-elle pas tendance à communiquer des émotions négatives sans pour autant les avoir ressenties ? Inversement, quelqu'un qui se considère comme tolérant sera sans doute peu enclin à affirmer qu'il a éprouvé de « l'irritation » ou du « dégoût » en voyant un Turc ou un Surinamien. La façon dont on souhaite se présenter est donc susceptible d'interférer avec ce que l'on a réellement éprouvé. C'est pourquoi il peut être utile de recourir à d'autres méthodes de mesure des émotions, moins réactives. C'est ce qu'ont fait Vanman et Miller (1993). En utilisant une méthode physiologique (électromyogramme), ils ont pu montrer que différents groupes (dont les membres étaient présentés sur des diapositives) suscitaient des réponses spécifiques.

Dovidio et Gaertner (1993) ont proposé une hypothèse plus radicale encore que celle de Smith : la simple catégorisation nous/eux ne suffirait-elle pas à induire des « émotions » différenciées ? Ainsi, ils ont présenté de façon subliminale des mots associés à l'endogroupe (« nous », « eux », « notre ») et à l'exogroupe (« eux », « leurs », « ils ») avant de demander à leurs sujets de juger si des adjectifs étaient positifs ou négatifs. On jugeait plus facilement un adjectif négatif comme négatif lorsqu'il était précédé d'un mot associé à l'exogroupe que lorsqu'il était précédé d'un mot associé à l'endogroupe. Inversement, les adjectifs positifs étaient plus facilement jugés comme tels s'ils étaient précédés par un mot associé à l'endogroupe. Dovidio et Gaertner ont également montré que cette distinction avait une influence sur la façon dont on anticipait une interaction sociale : présenter d'autres personnes comme « eux » génère une appréhension plus importante que les présenter comme « nous ». Si ces résultats sont intéressants, il est peut-être abusif de qualifier d'« émotion » ce qui est simplement une évaluation en terme de positivité/négativité. Tajfel, comme nous l'avons vu, distinguait fortement la composante évaluative et la composante émotionnelle de l'identification. D'un point de vue théorique, les émotions comprennent un ensemble de réactions cognitives et physiologiques qui dépassent de loin la simple évaluation.

V. STÉRÉOTYPES ET DISCRIMINATION

Après avoir examiné les liens entre stéréotype et attitude, l'étape suivante consiste à analyser les relations entre stéréotype et comportement intergroupes. Un type de comportement intergroupes qui a fait l'objet d'une abondante littérature est bien sûr la *discrimination intergroupes,* que l'on définira comme « tout comportement qui dénie à des individus ou à des groupes l'égalité de traitement qu'ils souhaiteraient » (Allport, 1954, p. 50).

Existe-t-il une association entre stéréotype et discrimination ?

1. Le lien introuvable

On verra plus loin comment les stéréotypes peuvent contribuer au développement du conflit en justifiant l'existence de nouveaux modes de relations intergroupes. Il est possible que, en affectant les attitudes, le stéréotype participe indirectement à la discrimination : on pourrait imaginer que quelqu'un qui considère les « étrangers » comme agressifs et dangereux en nourrisse une attitude négative susceptible, à son tour, de déclencher des comportements discriminatoires à l'égard de ce groupe. Pourtant, un tel processus n'a pas pu être mis en évidence empiriquement. Ainsi, Brigham (1971) n'obtient guère de relation entre la tendance à utiliser des stéréotypes chez des Américains blancs et le type de comportement qu'ils projettent de mettre en œuvre avec des Noirs.

Du reste, on n'a obtenu que de faibles corrélations entre préjugé et discrimination. Dans une étude classique, LaPiere (1934) rapporte qu'il a voyagé aux États-Unis avec un couple de Chinois. Alors que les tenanciers d'hôtels et de restaurants étaient nombreux à annoncer au téléphone que les Chinois n'étaient pas bienvenus, ceux-ci étaient admis dans la très grande majorité des cas. L'écart entre comportement et attitude peut s'expliquer par le fait que, lors de l'expression de l'attitude, le contexte est extrêmement différent de la situation dans laquelle le comportement est exécuté. Alors que, au téléphone, l'expression de la mise en garde ne présente guère de risques, le refus effectif des clients peut entraîner différentes conséquences gênantes (scène, poursuites...). Par ailleurs, la faiblesse de l'association s'explique sans doute par le fait que les attitudes sont généralement exprimées à un niveau très global (« que pensez-vous des Arabes ? »), alors que le comportement se déroule toujours dans un contexte très précis. Dans l'étude de LaPiere, le Chinois bourgeois et bien habillé qui demandait une chambre ne correspondait pas au Chinois stéréotypique que le tenancier se représentait lors de la conversation téléphonique. Une situation réelle comprend de nombreux facteurs qui risquent d'influencer l'actualisation de l'attitude. C'est pourquoi Ajzen et Fishbein proposent de récolter une mesure plus spécifique, l'intention comportementale : le comportement que l'on projette d'exécuter effectivement. Cette intention comportementale dépend certes de l'attitude mais également des normes saillantes dans un contexte donné (par exemple : on ne frappe pas des gens dans la rue) ainsi que du contrôle comportemental, c'est-à-dire de la perception que l'individu a de la facilité avec laquelle il va pouvoir exécuter le comportement : si un individu ne se sent pas capable de décocher un uppercut, il ne va pas s'attaquer à des membres d'un groupe ethnique qu'il méprise.

2. Le stéréotype comme comportement

Nous sommes d'avis qu'une dichotomie entre stéréotype et comportement discriminatoire est peu défendable. Nous considérons l'expression du stéréotype comme un comportement discriminatoire.

Effectivement, l'expression du stéréotype a au moins deux conséquences :

– le stéréotype dichotomise la réalité sociale et, par conséquent, rend les catégories saillantes. De cette façon, il *discrimine* au sens premier : il différencie des objets sociaux. Ce faisant, il devrait accentuer l'identification au groupe. Les représentations de l'exogroupe permettent ainsi à chaque groupe de renforcer les liens qui le composent en mettant en évidence les différences entre l'endogroupe et l'exogroupe. En cela, les stéréotypes remplissent la même fonction que les symboles ou les noms qui désignent les groupes ;

– non seulement les stéréotypes contribuent à séparer les catégories mais, en peignant une image négative de l'exogroupe, ils différencient positivement l'exogroupe. Ils participent donc à la valorisation de l'identité.

Selon Graumann et Wintermantel (1989), l'expression du stéréotype apparaît comme un acte de langage discriminatoire. Le concept d'*acte de langage* se réfère aux travaux classiques des philosophes Austin et Searle, qui ont montré que le langage ne servait pas uniquement à décrire la réalité mais aussi à la construire ; ainsi, lorsqu'un prêtre dit : « je te baptise Jean », il crée une réalité qui n'existait pas auparavant. Pareillement, l'expression du stéréotype crée des catégories, les différencie, assigne des traits sans que ces catégories, ces traits, n'aient d'existence objective. Exprimer le stéréotype est donc pleinement un acte de langage. Il contribue à créer la réalité sociale.

Le stéréotype a d'ailleurs des conséquences bien concrètes sur le groupe dominé. Deux exemples démontrent la pertinence de cette supposition.

Word, Zanna et Cooper (1974) ont remarqué que les attentes que des recruteurs (blancs) avaient à l'égard des candidats noirs influaient sur leur propre comportement et provoquaient de la nervosité et une dégradation de la qualité des réponses chez ceux-ci. Le stéréotype influe donc ici directement sur le comportement du recruteur et indirectement sur celui du candidat. Steele et Aronson (1995) ont montré que le stéréotype selon lequel les Noirs sont stupides pouvait avoir des conséquences dramatiques sur leur comportement. Ils ont demandé à des étudiants noirs de l'université de Stanford de remplir une épreuve qu'ils ont présentée soit comme un test d'intelligence, soit comme une épreuve de laboratoire ne permettant pas de mesurer l'intelligence. Ils ont constaté que, dans le premier cas, leurs scores étaient inférieurs à ceux du second. Remarquons que ce phénomène était absent chez les sujets blancs. La simple existence d'un stéréotype présentant un groupe comme inférieur sur une dimension produirait de l'anxiété et de moins bons résultats dans les tâches évaluant cette dimension. Lorsque la tâche n'est pas présentée comme un test d'intelligence, le stéréotype menaçant ne serait pas activé dans l'esprit des sujets. Sachant que l'accès à une éducation et à des emplois de qualité est conditionné par la réussite à ce type d'épreuves, on mesure les implications de tels processus.

Ces deux exemples démontrent que le stéréotype peut avoir des conséquences directes sur la réalité sociale. Il contribue même à reproduire l'inégalité entre Noirs et Blancs dans l'accès au travail ou à l'éducation. L'expression du stéréotype apparaît ici comme un outil de domination au service du groupe le plus puissant.

VI. CONCLUSION

Au cours de ce chapitre, notre « stéréotype du stéréotype » a quelque peu évolué. Nous l'avons d'abord conçu comme une ombre chinoise, outil d'appauvrissement du monde social au service d'un système cognitif déficient. Il a ensuite gagné en respectabilité lorsque nous avons exposé son rôle d'outil de connaissance flexible, éminemment dépendant des motivations du moment. Nous avons aussi déploré les limites d'une approche purement individuelle des stéréotypes en montrant le rôle joué par le contexte social dans la formation et l'utilisation des stéréotypes.

Ce chapitre a également été l'occasion d'examiner la relation, floue, qui unit les stéréotypes au comportement. Nous avons suggéré que la distinction entre stéréotype et comportement était malvenue. L'expression du stéréotype était pleinement un comportement discriminatoire et elle gagnait à être étudiée en tant que telle. Enfin, nous avons terminé ce survol en rappelant que les mécanismes cognitifs ne suffisent pas à eux seuls à rendre compte des stéréotypes ; la cognition est guidée par la motivation et en particulier par des motivations liées à l'appartenance à des groupes sociaux.

Chapitre 2

Les conflits intergroupes

Dans le premier chapitre, nous avons exposé une approche dominante en psychologie sociale : celle qui explique les relations intergroupes dans une perspective individuelle et cognitive. Mais le passage des stéréotypes individuels au comportement intergroupes, comme nous l'avons noté, est problématique. Il l'est d'autant plus quand on remarque que l'intérêt manifesté par les psychologues sociaux pour les stéréotypes est motivé par leur postulat que les stéréotypes individuels jouent un rôle important dans les conflits intergroupes. Or, si l'on considère le conflit intergroupes comme un comportement collectif dans son essence, son explication devrait tenir compte des processus qui mènent les individus à s'organiser, à harmoniser leurs comportements afin de mettre en œuvre une action collective. Les théories qui traitent des stéréotypes ne fournissent pas ce type d'explication.

Dans le présent chapitre, nous exposons les théories et recherches qui ont directement examiné les facteurs déterminants du conflit intergroupes. En général, ces théories expliquent ce conflit en inversant la relation causale suggérée dans le chapitre précédent : les représentations individuelles ne sont que des symptômes du conflit, dont la source se situe dans la structure des relations sociales et notamment dans la compétition pour l'acquisition de ressources rares.

I. LA THÉORIE DES CONFLITS RÉELS

Un simple survol des actualités internationales montre que la plupart des conflits intergroupes ont pour enjeu central la distribution de ressources rares telles que le territoire, les minéraux, l'eau, le pétrole, ainsi que le pouvoir politique et militaire. Selon cette théorie, proposée par Sherif (1966), les individus et les groupes sociaux organisés sont des agents rationnels qui sont à la poursuite de la maximisation de leurs bénéfices et de la minimisation de leurs coûts. S'ils acceptent de participer à une action collective conflictuelle, la cause déterminante ne se situerait pas dans leurs stéréotypes et leurs préjugés, mais dans leur conviction que les intérêts de leur groupe sont menacés et qu'ils doivent agir en commun pour les protéger. En effet, selon cette théorie, c'est la compétition produite par les conflits d'intérêts qui engendre la stéréotypisation, et non l'inverse.

1. Le conflit d'intérêts collectifs

Le conflit surgit dans des conditions où les intérêts des groupes sont *incompatibles*, c'est-à-dire quand les intérêts de l'endogroupe ne peuvent être achevés qu'aux dépens de l'exogroupe.

Ainsi, le conflit entre Noirs et Blancs aux États-Unis à propos de l'application de la politique des discriminations positives (« affirmative action ») s'expliquerait par la compétition pour des ressources rares comme l'emploi, l'accès aux écoles publiques et la représentation politique. Le conflit entre catholiques et protestants en Irlande du Nord aurait sa source dans leurs différences d'opinion sur le statut du territoire : devrait-il être annexé à la Grande-Bretagne ou à l'Irlande ? Dans les pays de l'Europe occidentale, le conflit entre les groupes nationalistes et les groupes d'immigrés est aussi engendré par un conflit d'intérêts impliquant des ressources matérielles.

Selon Sherif, toute confrontation intergroupes pourrait s'expliquer par l'existence d'un conflit d'intérêts au niveau des groupes. Un conflit entre les intérêts de deux individus particuliers ne se traduirait en conflit intergroupes que si ce cas particulier est vu par les protagonistes comme étant représentatif de l'état des relations entre groupes. Les émeutes de Los Angeles en 1992 constituent une bonne illustration de cet argument. Suite à l'annonce de l'innocence de policiers blancs accusés d'avoir violemment molesté un conducteur noir, plusieurs quartiers de la ville ont été brûlés et des conducteurs blancs attaqués. Ce type d'action collective ne peut s'expliquer par la sympathie des participants pour la victime noire ou par leur antipathie envers les policiers blancs. La seule explication possible ferait appel à une croyance selon laquelle le verdict du procès n'est pas particulier mais plutôt représentatif du traitement subi par toute la communauté noire dans ses interactions avec les autorités judiciaires et policières dominées par les Blancs.

2. Les conséquences psychologiques de la compétition

Selon Sherif, le conflit serait absent si la compétition était absente. Mais lorsque celle-ci est présente, même temporairement, ses conséquences psychologiques seraient tenaces. Ces conséquences à long terme incluent :

– la perception d'une menace continue envers les intérêts de l'endogroupe ;

– le développement de sentiments d'hostilité vis-à-vis de l'exogroupe ;

– l'accroissement du sentiment de loyauté et des relations de solidarité au sein de l'endogroupe ;

– un désir de raffermir les frontières intergroupes dans le but de protéger ses intérêts ;

– le développement de stéréotypes négatifs de l'exogroupe.

La résolution du conflit et la dissipation de ses effets psychologiques s'obtiendraient seulement par la création de *buts compatibles* ou « supraordonnés », buts qui ne peuvent être réalisés que si les deux groupes forment un front uni.

Les recherches engendrées par la théorie des conflits réels ont produit des résultats qui sont généralement en accord avec ces propositions. Dans une série d'expériences sur le terrain, Sherif et ses collègues ont montré que l'introduction de jeux compétitifs entre deux groupes d'enfants participant à des colonies de vacances engendre des comportements hostiles qui se manifestent au-delà des bornes des jeux compétitifs comme, par exemple, lors d'une razzia menée contre la cabane de l'exogroupe durant l'absence de ses membres.

Quand les deux groupes sont mis en contact en dehors des situations de compétition (lors d'une promenade sur la plage ou d'un dîner en commun), les membres des deux groupes ne se mêlent pas ; ils s'emploient plutôt à s'attaquer verbalement et physiquement. La réduction de la tension entre les deux groupes s'obtient seulement après l'introduction d'une série de problèmes dont la résolution nécessite la coopération entre les deux groupes, comme la coordination des efforts afin d'identifier l'origine d'une pénurie d'eau potable au camp ou le dépannage en commun d'un bus chargé de ramener les enfants au camp à la suite d'un pique-nique en montagne.

II. LA THÉORIE DES JEUX

Le concept central dans la théorie des jeux est l'*interdépendance* (Deutsch, 1949 ; Thibaut et Kelley, 1959).

> **Définition :** un échange dans lequel nos résultats ne sont pas simplement le produit de nos actions. Ils sont produits conjointement par nos actions et les actions de nos partenaires.
> Nous entendons par *résultats* les bénéfices (résultats positifs) ou pertes (résultats négatifs) associés à une interaction sociale. Ces résultats peuvent être définis matériellement ou symboliquement (reconnaissance, statut).

En général, les postulats de la théorie des jeux sont similaires à ceux proposés par la théorie des conflits réels. Les deux théories postulent une motivation rationnelle qui pousse les individus et les groupes à maximiser leurs bénéfices, et à minimiser leurs coûts. Elles convergent vers l'idée selon laquelle la compétition est inévitable quand l'interdépendance prend la forme d'un jeu à somme nulle, c'est-à-dire quand un groupe ne peut gagner qu'aux dépens de l'autre comme dans les compétitions sportives.

Cependant, cette dernière théorie diverge de la précédente en ce qu'elle postule que l'interdépendance entre groupes prend souvent la forme d'un jeu à motivations mixtes. L'interdépendance à motivations mixtes permet deux choix à chaque partenaire : la coopération ou la compétition.

Contrairement au jeu à somme nulle, où la compétition est le seul choix possible, avec comme seul résultat un groupe gagnant et un groupe perdant, le jeu à motivations mixtes offre une issue favorable aux deux groupes s'ils choisissent la coopération et défavorable s'ils choisissent la compétition. De plus, si un groupe opte pour la compétition et l'autre pour la coopération, le premier obtiendrait un résultat plus favorable que le second.

Cette situation montre clairement que le choix d'un comportement de coopération n'est bénéfique que s'il est effectué par les deux partenaires, tandis que le choix de la compétition est avantageux seulement s'il n'est pas réciproque. Dans ce sens, nous gagnons plus à exploiter la coopération des autres en choisissant nous-mêmes la compétition. Cela est bien illustré dans l'exemple suivant. Imaginez un conducteur qui arrive à un carrefour. Pour le traverser, il peut soit foncer à vive allure soit laisser passer une voiture qui arrive à sa droite. Si les deux véhicules choisissent de coopérer, chacun prendra son tour pour traverser. Si notre conducteur fonce, forçant l'autre à ralentir, il en sortira gagnant. Mais si les deux conducteurs décident de foncer, l'un et l'autre en sortiront perdants !

L'importance de cette approche par rapport à la précédente provient surtout de sa prise en considération de la dimension temporelle des interactions humaines (Kelley et Thibaut, 1978). Considérons, par exemple, que notre conducteur se trouve au carrefour dans l'obligation de céder la priorité à droite et que plusieurs voitures arrivent de là ; il doit maintenant décider s'il laisse passer ceux qui viennent de la gauche ou s'il fonce et leur bloque ainsi la voie. Supposons maintenant qu'il soit d'une nature calme et patiente et qu'il décide de faire passer quelques voitures arrivant à sa gauche. Voici notre conducteur coopératif bloqué car ceux qui viennent de gauche et qui sont obligés de lui céder la voie ne le laissent plus passer. La prochaine fois qu'il se trouve à une carrefour, il décide de foncer, comme le font la plupart des autres conducteurs. Le résultat est un blocage total du trafic. Cet exemple illustre l'argument selon lequel le choix du comportement compétitif est rationnel et se fait en fonction de la structure d'interdépendance entre les différentes parties, quel que soit le trait de caractère ou la motivation particulière des individus impliqués. En général, la théorie des jeux prédit que, dans une situation où la communication est absente et où le potentiel de bluff est important, les parties vont choisir la compétition ; dans notre exemple, notre conducteur, n'ayant plus confiance dans les intentions des voitures qui arrivent à gauche, essaiera toujours de prendre sa priorité même quand sa voie est bloquée.

Dans les conflits intergroupes, il arrive souvent que chaque groupe ne communique pas ses intentions ou doute de la sincérité de celles qui sont communiquées par l'autre partie. Dans une telle situation, le choix le plus rationnel serait de rester sur ses gardes, alerte, et perpétuellement préparé à une éventuelle attaque de l'autre partie. Certains politologues expliquent de la sorte la course à l'armement durant la guerre froide. En effet, la plupart des recherches expérimentales dans ce domaine montrent que, face à un jeu à motivations mixtes, les individus choisissent la compétition bien que le résultat de ce choix soit négatif pour les deux joueurs. Ils le font notamment par manque de confiance et par peur d'être exploité par l'autre partie.

Ces prédictions pourraient paraître pessimistes à nos lecteurs. Cependant, un aspect de la théorie est plus optimiste. Des recherches qui avaient pour but d'examiner les conditions dans lesquelles apparaîtrait le comportement coopératif ont constaté qu'une partie faisant face à un concurrent qui utilise une stratégie de coopération inconditionnelle exploite généralement ce dernier en choisissant la compétition. Toutefois, quand le concurrent utilise une stratégie de réciprocité (*tit-for-tat*), la probabilité du comportement de coopération augmente (Axelrod, 1984). Cette dernière stratégie implique le choix d'un comportement qui imite le choix le plus récent du rival. Selon Axelrod, cette stratégie serait la plus stable et bénéfique à long terme, car les acteurs impliqués apprennent, avec le temps et les conséquences des échanges précédents, que toute exploitation de leur part sera reproduite par leur rival, ce qui diminue la probabilité de ce choix. Ils apprennent aussi que, s'ils coopèrent, leurs concurrents coopéreront également, ce qui augmente la probabilité de ce choix. Ces résultats ont mené au développement de nouvelles approches de la résolution du conflit. Celles-ci proposent des négociations impliquant l'échange réciproque et graduel de concessions (Lindskold, 1986 ; Pruitt et Rubin, 1986). Dans cette perspective, chaque négociateur qui fait une concession peut s'attendre à ce que son adversaire fasse également une concession en sa faveur au tour suivant.

III. LA DÉFINITION DES INTÉRÊTS COLLECTIFS

Nous adressons une critique à la théorie des conflits réels à propos de, premièrement, la définition objective des intérêts des groupes, et deuxièmement, le postulat selon lequel les buts supraordonnés sont le seul moyen de résoudre les conflits. Dans l'étude de Sherif, les buts incompatibles étaient illustrés par une compétition sportive. Ces buts étaient définis par le chercheur. Sherif considérait l'adhésion de chaque individu aux objectifs de son groupe comme évidente. Malheureusement, ce genre de situation est peu représentative des conflits d'intérêts entre groupes réels. Premièrement, parce qu'une compétition sportive ne peut avoir qu'un résultat : un groupe gagne, l'autre perd. Dans ce sens, on ne peut pas parler de « résolution » du conflit. Dans les conflits entre groupes réels, la possibilité du compromis est toujours présente, et quand on parle de la résolution des conflits d'intérêts on se réfère souvent à un compromis sans gagnant ni perdant. Deuxièmement, dans les situations de conflits réels, ce sont les groupes eux-mêmes qui définissent leurs intérêts et qui interprètent la réalité de leurs relations. Dans ce cas, on ne peut pas affirmer que tous les membres d'un groupe s'accorderont automatiquement sur les mêmes objectifs collectifs.

Nous supposons aussi que les buts supraordonnés ne sont pas suffisants pour la résolution du conflit, contrairement à l'idée de Sherif. Prenons l'exemple d'un pays soumis à des tensions communautaires tel que la Belgique. Suite à la découverte des erreurs et malversations politico-judiciaires qui avaient entouré la disparition et le meurtre de jeunes enfants, la population belge avait fait front pour protester contre ces

« dysfonctionnements ». La protection des victimes innocentes était apparue comme un but supraordonné. Ce mouvement s'est cristallisé dans la marche blanche qui a rassemblé plus de trois cent mille personnes dans les rues de Bruxelles. Il n'en reste pas moins qu'à peine un an plus tard, les querelles ethnolinguistiques ont repris les devants de la scène. Dans cet exemple, on voit bien que l'absence d'effet à long terme des buts supraordonnés serait due au fait que ces buts n'ont pas affecté le conflit d'intérêts original. La nature de ces buts, et leurs relations avec les buts incompatibles qui sont à l'origine du conflit, restent des thèmes non explorés en psychologie sociale.

Une autre critique que nous adressons aux deux théories est l'absence de spécification des liens entre les intérêts des individus et les intérêts de leur groupe d'appartenance. On pourrait se demander, par exemple, si les membres d'un groupe consentiront à agir pour la réalisation des intérêts de leur groupe si ces intérêts sont incompatibles ou n'ont aucun rapport avec leurs intérêts personnels. Le lien entre la poursuite des intérêts personnels et la poursuite de ceux du groupe est problématique. Les groupes ne peuvent pas être conçus, à l'instar des individus, comme des organismes homogènes à la recherche de la maximisation d'intérêts clairs et bien définis.

IV. LA THÉORIE DE LA PRIVATION RELATIVE

L'accent mis par les théories précédentes sur l'importance de la structure « objective » des relations intergroupes a été la cible de plusieurs critiques. La plus fondamentale est la suivante : comment ces théories peuvent-elles rendre compte de situations dans lesquelles un groupe est privé des ressources que ses membres désirent et où ceux-ci n'agissent pas pour changer la situation ? Il existe souvent une asymétrie entre groupes sociaux : certains peuvent satisfaire leurs intérêts plus que d'autres. Pourtant, nombre d'auteurs issus de différentes disciplines ont constaté que ces derniers évitent parfois tout comportement compétitif, conflictuel ou revendicateur. Ces différences pourraient s'expliquer par la façon dont les

membres des groupes en présence interprètent subjective-
ment la réalité sociale. Celle-ci jouerait un rôle majeur dans
le choix des actions qu'ils mettent en œuvre. La théorie de
la privation relative propose que les acteurs n'agissent dans le
but de maximiser leurs avantages que si leurs attentes leur
permettent de croire qu'ils peuvent accroître leurs résultats.

1. Frustrations individuelles et événements déclencheurs

Dans sa version la plus simplifiée, cette théorie développée
simultanément en psychologie sociale et en sociologie suppose que le comportement collectif en général, et la violence
collective en particulier sont les produits de deux processus :

– l'accumulation de sentiments de frustration et de colère
chez plusieurs individus, qui produit le potentiel nécessaire à
l'engagement dans des actes violents ;

– un événement déclencheur qui activerait ce potentiel et le
transformerait en violence collective (Gurr, 1970).

La théorie de la privation relative expliquerait ainsi les
émeutes de Los Angeles : chacun des individus qui ont par-
ticipé aux émeutes éprouve un sentiment de colère dû à
l'accumulation de nombreuses frustrations (emploi non satis-
faisant, harcèlement par la police, échec dans les études) ; un
grand nombre d'individus partagent les mêmes sentiments de
frustration et de colère ; un événement externe (par exemple
le verdict) transforme ce potentiel de frustration en une
action collective violente.

2. La comparaison sociale à l'origine de la privation relative

Un paradoxe s'est dégagé des premières recherches sur la privation relative : des individus bien placés pour recevoir une
promotion se sentent plus frustrés que ceux qui sont moins
bien placés. Le bon sens aurait prédit le contraire. La théorie
explique ces résultats en faisant appel au processus de comparaison qui détermine les attentes des individus (Stouffer *et
al.*, 1949).

Dans sa version la plus simple, la théorie propose que *la privation relative* est proportionnelle à la différence entre les attentes et les résultats.

Ceux qui ont des attentes importantes seraient plus frustrés de ne pas les réaliser que ceux qui ont des attentes modestes. Dans cette perspective, l'origine des attentes n'est pas expliquée. Une version ultérieure de la théorie, proposée par Runciman, propose au moins trois comparaisons possibles :

– une comparaison temporelle, entre nos résultats d'aujourd'hui et ceux d'hier, qui pourrait induire certaines attentes comme l'augmentation progressive des salaires ;

– une comparaison sociale impliquant nos résultats et ceux d'autres individus qui nous ressemblent ou qui appartiennent au même groupe social (par exemple, deux hommes en compétition pour le même poste) ;

– une comparaison sociale impliquant l'évaluation des résultats collectifs de l'endogroupe par comparaison à un exogroupe (par exemple, le niveau moyen des salaires est plus bas chez les femmes que chez les hommes ayant la même occupation).

Selon cette nouvelle version, seul le troisième type de comparaison est effectivement lié à l'action et à la violence collective. Ainsi, le soutien au séparatisme québécois est plus grand chez les individus qui pensent que la communauté francophone est privée de ce qu'elle mérite que chez ceux qui se croient personnellement privés de ce qu'ils méritent (Guimond et Tougas, 1994).

3. Le lien entre privation personnelle et privation collective

Un autre résultat paradoxal est apparu dans les recherches portant sur les différents types de comparaison. Une majorité des individus affirmant que leur endogroupe est relativement désavantagé pensent que leur situation personnelle est bonne. Crosby (1984) a mis en évidence ce phénomène chez des employées qui avaient objectivement un salaire moyen plus bas que celui d'hommes occupant des postes équivalents : ces femmes étaient personnellement aussi satisfaites de leur niveau de revenus que les hommes. La première interprétation donnée était que les individus, même s'ils reconnaissent l'existence de la privation et de l'injustice au niveau groupal, sont réticents à reconnaître qu'ils sont personnellement victimes de discriminations. Ils semblent nier l'existence de la discrimination personnelle.

Une autre interprétation ferait appel à l'information dont disposent les individus pour effectuer leur jugement : les indices statistiques qui montrent des différences au niveau des groupes sont objectifs et permettent par conséquent de suspecter la présence de discrimination au niveau des groupes. Quant à leurs résultats personnels, les individus ne disposent pas d'informations suffisantes pour juger s'ils pourraient être imputés à un acte discriminatoire. Une troisième interprétation consisterait à affirmer que la perception de la privation collective implique une comparaison intergroupes tandis que la perception de l'absence de privation personnelle indique que la comparaison est faite avec des membres moins fortunés de l'endogroupe.

Les recherches ne sont pas claires quant à la véracité de chacune de ces interprétations. Mais nous attirons votre attention sur une implication importante de ce phénomène dans la probabilité d'émergence du conflit intergroupes : si les individus croyaient que leur groupe est désavantagé mais qu'il existe des moyens individuels de contourner la discrimination, ils ne seraient pas motivés à participer à une action collective. Cela revient à dire que notre tendance à nous impliquer dans une telle action nécessiterait simultanément la perception d'une privation relative groupale injuste et la conscience que cette privation collective a une incidence sur notre situation personnelle.

V. CONCEPTIONS DE JUSTICE ET RÉPARTITION DES RESSOURCES

Les recherches accumulées sur la privation relative démontrent que la tendance à s'engager dans un conflit collectif surgit chez les individus qui croient qu'ils sont privés de biens mérités. Ces recherches révèlent que cette tendance se manifeste surtout si la privation se situe au niveau du groupe plutôt que de l'individu. Mais, si l'on se limite à l'étude de la relation causale entre le sentiment de privation et la participation à l'action collective, il subsiste des lacunes importantes dans ces théories. Notamment, les mécanismes de jugement qui permettent à l'individu de conclure que son groupe est désavantagé et que cette situation est illégitime ou injuste ne sont pas spécifiés.

Les théories de justice sociale viennent combler cette lacune. Selon ces théories, ce qui détermine le choix entre la compétition et la coopération, le conflit et l'harmonie, est le degré auquel les relations sont perçues comme étant, respectivement, injustes ou justes. Mais la justice n'est pas synonyme d'égalité. En d'autres termes, l'égalité entre les groupes n'implique pas nécessairement le sentiment que les relations sont justes ; de même, l'inégalité n'implique pas que les relations soient considérées comme injustes. L'interprétation que nous donnons des disparités ou égalités intergroupes dépend du critère de justice s'appliquant à la situation. Une règle de justice qui a reçu beaucoup d'attention en psychologie sociale est l'équité.

1. La théorie de l'équité

> **Définition :** on évalue la justice d'un échange ou d'une distribution de ressources par la comparaison entre les contributions que l'on fournit à l'échange et les bénéfices que l'on obtient.

Si l'on pense par exemple que les hommes ont une productivité plus élevée ou effectuent un travail de meilleure qualité que les femmes, alors la disparité entre leurs salaires paraîtrait juste, car chacun devrait recevoir un bénéfice proportionnel à sa contribution. Les contributions peuvent inclure des éléments divers comme la qualité ou la quantité du travail fourni, ou le temps consacré au travail. Les résultats peuvent inclure des bénéfices matériels tels que la rémunération, la promotion professionnelle, etc., ou des bénéfices symboliques comme le statut social, la réputation, etc. En général, une distribution est jugée inéquitable quand les résultats obtenus ne sont pas proportionnels aux contributions fournies.

Toute évaluation d'une distribution ou d'une relation se fait donc par la comparaison sociale des bénéfices reçus et des contributions fournies par chaque partie. Tel est le cas même dans des situations n'impliquant pas la distribution de ressources. Dans une situation d'échange, le principe de réciprocité règne et un manque de réciprocité ou un échange asymétrique à un moment ultérieur pourraient très bien enflammer les tensions. Ainsi, la colère manifestée par le gouvernement américain à propos du commerce avec le Japon est justifiée par l'accusation selon laquelle les marchés japonais n'ont pas été ouverts aux marchandises américaines pendant de longues années alors que les marchés américains accueillaient les produits japonais.

L'inéquité peut être perçue lorsque les résultats de l'endogroupe sont égaux à ceux de l'exogroupe. Si l'endogroupe produit un travail de meilleure qualité que celui produit par l'exogroupe, il serait équitable que la récompense reçue par l'endogroupe soit supérieure à celle reçue par l'exogroupe. Ainsi sont justifiées les revendications avancées par des quartiers ou régions riches pour une redistribution des ressources budgétaires qui soit proportionnelle aux contributions en impôts fournies par chaque région : les régions qui paient plus d'impôts peuvent alors demander à recevoir une portion plus grande du budget de la sécurité sociale. Nous observons d'ailleurs que, dans plusieurs villes américaines, les quartiers riches proches des banlieues menacent souvent de se séparer administrativement et de constituer des communes indépendantes afin que l'argent qu'ils payent en impôts ne soit pas redistribué aux quartiers pauvres des centres-villes.

La perception de l'inéquité produit un inconfort psychologique. Cet inconfort est vécu différemment selon que l'on est avantagé ou désavantagé dans l'échange : le groupe désavantagé exprimerait ses ressentiments tandis que le groupe avantagé ressentirait de la culpabilité. Une situation d'inéquité crée aussi la motivation à agir dans le but de réduire ou d'éliminer l'inconfort qui en résulte. Deux catégories d'action sont possibles : un rétablissement purement cognitif et donc non réel de l'équité, ou un rétablissement réel à travers un changement des termes de l'échange. Les membres du groupe avantagé préféreraient la première solution tandis que la seconde serait privilégiée par les membres du groupe désavantagé. On pourrait entrevoir dans cette situation le potentiel de confrontation intergroupes. Si les distorsions cognitives véhiculées par le groupe avantagé ne sont pas acceptées par le groupe désavantagé, et si les demandes de compensation réelle revendiquées par les derniers sont refusées par les premiers, le conflit serait inévitable (Adams, 1965 ; Walster, Berscheid, et Walster, 1973).

Bien que cette théorie ait dominé les explications de la perception de justice en psychologie sociale, plusieurs recherches ont noté ses limitations, en particulier en ce qui concerne l'universalité de la règle de proportionnalité. Les recherches dans ce domaine ont ainsi dévoilé l'importance d'autres règles de répartition, notamment l'égalité qui exige que les différentes parties de l'échange obtiennent des quantités égales de ressources même si leurs contributions ne sont pas égales, et le besoin qui prescrit que les ressources soient distribuées selon les besoins (Deutsch, 1975, 1985 ; Schwinger, 1980). Une application du premier principe consisterait à traiter tous les pays membres de l'Union européenne sur un pied d'égalité en leur offrant une représentation égalitaire au sein de la Commission européenne quelle que soit la taille numérique de leur population ou leur poids économique. Un exemple du second principe est la distribution, au sein de l'Union, du budget destiné à l'aide sociale en fonction des besoins des pays demandeurs.

En général, la saillance d'une règle par rapport aux autres dépend de facteurs divers, dont notamment la nature des ressources en question. La règle de l'équité est, par exemple, préférée aux autres règles dans la répartition des ressources monétaires et économiques tandis que la règle de l'égalité est préférée dans la distribution des ressources symboliques et sociales.

2. La théorie de la justice procédurale

Retournons à l'exemple des émeutes de Los Angeles. Nous savons que ces émeutes ont éclaté immédiatement après l'annonce du verdict proclamant l'innocence des policiers blancs. On peut expliquer la colère des Noirs par le sentiment d'injustice suscité par le verdict, à la suite de la diffusion par les chaînes de télévision d'un film amateur qui a capté la scène en direct. Mais cette interprétation devient problématique dès lors que l'on considère un autre exemple : deux ans après les émeutes, le procès d'O.J. Simpson, également diffusé sur ces chaînes, s'est conclu par un verdict qui le proclame non coupable du meurtre de son ex-épouse, de couleur blanche. Ce résultat n'a pas produit des mouvements de protestation de la part des Blancs, bien que les sondages d'opinion montraient qu'une majorité considéraient Simpson coupable. Si le résultat était identique dans les deux cas et les sentiments aussi passionnés et tendus, comment peut-on expliquer les différences dans les réactions ?

Nous proposons une autre interprétation des émeutes de Los Angeles, qui pourrait aussi expliquer l'absence de réaction dans le procès d'O.J. Simpson. Cette interprétation fait appel à la justice procédurale. Selon la théorie de la *justice procédurale*, la perception de la justice n'est pas toujours guidée par une évaluation de nos résultats. Elle peut être guidée par l'évaluation de la justice des procédures de prise de décisions qui précèdent et déterminent les résultats.

Ainsi, la réaction des Noirs dans le premier cas pourrait s'expliquer par le fait que le jury était composé de douze Blancs, et que, par conséquent, le processus de délibération était biaisé en faveur des policiers blancs. En revanche, le jury qui a délibéré sur le cas d'O.J. Simpson était mixte. Une étude que nous avons menée a révélé en effet que les Noirs exigeaient une représentation égalitaire des deux races dans les jurys responsables de la délibération de meurtres ou conflits interraciaux, tandis que les Blancs favorisaient un jury composé selon une représentation proportionnelle au poids démographique de chaque groupe. De plus, les Noirs plus que les Blancs trouvaient illégitime l'utilisation par le jury d'un vote majoritaire pour parvenir à sa décision.

En général, les études sur la justice procédurale, dans la majorité menées dans un contexte juridique, montrent que les décisions prises par un juge sans consultation des parties en présence sont considérées par celles-ci comme étant moins justes que les décisions prises après que le juge les ait consultées. Une série de recherches expérimentales appuient ces observations et, en outre, montrent que cet effet se manifeste aussi pour les individus qui obtiennent des résultats négatifs. En d'autres termes, quel que soit le résultat pour l'individu, celui-ci a tendance à juger une décision comme étant plus juste si le juge lui donne la chance de présenter ses arguments que si le juge prend la décision sans l'avoir consulté (Thibaut et Walker, 1975, 1978).

Des recherches plus récentes ont démontré que les critères utilisés dans l'évaluation de la justice procédurale incluent la représentation égale des parties en question, l'absence de biais chez les personnes chargées de la prise de décision, la non-implication des intérêts de ces personnes et la possibilité de recours (Lind et Tyler, 1988). L'importance de ces critères est illustrée dans l'ambivalence récurrente que les Arabes manifestent vis-à-vis de la médiation américaine du conflit au Moyen-Orient. À plusieurs reprises, les négociateurs arabes se sont plaints du biais manifesté par les médiateurs américains en faveur de la position israélienne. Un autre exemple est la marche blanche organisée en Belgique en protestation, non pas contre l'abus sexuel et le meurtre de jeunes enfants, mais plutôt contre les procédures d'investigation policières et judiciaires jugées inadéquates et responsables, en partie, des conséquences meurtrières.

Le degré de contrôle dans le processus de prise de décision est un facteur principal dans l'évaluation de la justice. En plus de la possibilité de non-contrôle – par exemple, quand un groupe est exclu du processus – on distingue deux formes de contrôle : expressif et décisionnel.

> **Définition** : le *contrôle expressif* consiste en l'opportunité donnée aux parties concernées de présenter et de défendre leurs points de vue.

Cette forme de contrôle est illustrée dans le domaine politique par l'Assemblée générale des Nations unies où tous les pays du monde sont représentés mais sans avoir un vote ou une représentation au sein du Conseil de sécurité ; dans celui-ci, seulement quinze nations siègent, dont cinq possèdent le droit de veto. Un autre exemple est l'institution du suffrage universel, qui donne aux individus l'opportunité de choisir des représentants politiques sans qu'ils aient un contrôle direct sur les procédures de prise de décision gouvernementales. Le pouvoir expressif implique ainsi une délégation du pouvoir à un juge, un arbitre, ou à des représentants, qui, eux, possèdent le contrôle décisionnel.

> **Définition** : le *contrôle décisionnel*, par comparaison, donne un contrôle direct sur la procédure de prise de décision aux parties concernées elles-mêmes.

Or, les recherches montrent que, dans le cadre d'un bon fonctionnement des institutions démocratiques ou judiciaires, le contrôle expressif peut être suffisant pour produire la perception du caractère juste d'une décision. Les personnes qui possèdent un contrôle décisionnel ne sont pas plus satisfaites que celles qui possèdent un contrôle expressif, et ces dernières sont satisfaites quel que soit le résultat (Tyler, 1989).

Selon Thibaut et ses collègues, le souci envers la justice procédurale dérive principalement du désir d'obtenir des résultats positifs. Le fait que les individus soient satisfaits de la possession d'un contrôle expressif s'explique alors par le contexte juridique, où les individus ne s'attendent pas à recevoir un contrôle décisionnel. Tyler et ses collègues vont plus loin et rétorquent que les individus ne sont pas simplement soucieux des résultats immédiats mais plutôt de la qualité du fonctionnement des institutions dont ils dépendent à long terme. Ainsi ils sont prêts à accepter la délégation du pouvoir aux institutions juridiques et politiques quand ils croient au bon fonctionnement de ces institutions et quand ils ont confiance en leur impartialité. En particulier, ils sont satisfaits du pouvoir expressif parce qu'ils estiment que leurs voix recevraient la même considération que d'autres voix.

Ces interprétations nous permettent deux explications des émeutes de Los Angeles. Selon la première, la colère des

Noirs est due principalement à leur sympathie pour leur congénère. Selon la seconde, elle serait due non pas à l'annonce du verdict lui-même mais plutôt à leur anticipation de ce verdict. Celui-ci constitue, pour eux, un autre exemple du biais et de l'injustice procédurale qui, selon eux, caractérisent l'institution judiciaire elle-même. En bref, c'est leur colère vis-à-vis de l'institution et non du verdict qu'ils ont exprimée.

VI. JUSTICE INDIVIDUELLE ET JUSTICE COLLECTIVE

L'exemple des émeutes de Los Angeles amène une autre question : les participants n'étaient probablement pas en colère à cause de l'injustice particulière qui a visé leur congénère, ni parce qu'ils sentaient qu'ils étaient personnellement victimes d'une injustice, mais plutôt parce qu'ils croyaient que leur groupe tout entier était la victime d'une injustice. Leur revendication principale était l'éradication des discriminations contre les membres de leur groupe et l'établissement d'une justice qui traite tous les individus, Noirs et Blancs, sur un pied d'égalité. Il pourrait sembler paradoxal que les individus se mobilisent pour une action collective dont le but est d'établir une justice individuelle – qui traite tous les individus de la même manière.

Nous pensons que le conflit intergroupes peut être suscité par des revendications individuelles ou par des revendications collectives. La forme que prend ce conflit pourrait bien dépendre du niveau de justice revendiqué. Les mouvements nationalistes et séparatistes constituent des exemples d'action collective où la revendication principale est l'instauration de la justice collective – la reconnaissance des différentes langues, religions, cultures comme étant égales et ayant les mêmes droits à l'organisation et à la représentation politique, ou même à la souveraineté. Durant les années soixante, à l'apogée du mouvement pour les droits civiques aux États-Unis, deux revendications différentes sont apparues. La première, mise en avant par Martin Luther King, revendiquait l'égalité entre individus quelle que soit leur race. L'autre revendication, avancée par Malcolm X puis par le mouvement des « Black Muslims », refusait l'instauration de la justice individuelle et préférait la séparation des races en insistant sur la supériorité de la race africaine.

1. Deux conceptions de justice intergroupes

Selon les théories de l'équité et de la justice procédurale, les processus de comparaison jouent un rôle majeur dans l'évaluation de la justice. En général, ces comparaisons portent sur des bénéficiaires individuels qui sont semblables sur des dimensions pertinentes à l'évaluation de la justice. Par exemple, un professeur d'université jugera la justice de sa rémunération en comparant son salaire à celui d'un autre professeur, et non pas au salaire d'un médecin. Le niveau de comparaison impliqué ici est clairement interindividuel et intragroupe.

Dans le contexte des relations intergroupes, l'évaluation de la justice implique d'autres niveaux de comparaison, certaines suscitant des soucis de justice individuelle, d'autres des soucis de justice collective. Une distribution dont les bénéficiaires sont des groupes entiers peut aussi bien être évaluée à partir d'une comparaison intergroupes qu'à partir d'une comparaison interindividuelle.

Prenons, par exemple, le cas de la Constitution américaine. Une douzaine d'États étaient à l'origine de la formation de l'union. Durant les débats s'est posée la question de la forme du gouvernement fédéral. Tous les États étaient d'accord pour la séparation des pouvoirs législatif et exécutif. Mais certains défendaient un Congrès où les États étaient représentés proportionnellement à la taille de leurs populations, d'autres demandaient un Congrès où tous les États recevraient le même nombre de représentants. Il s'avère que les États de grande taille numérique soutenaient la première proposition et les États de petite taille numérique la seconde. Ce genre de débat, qui semble actuellement se reproduire au sein de l'Union européenne, a abouti à la formation d'un Congrès comportant deux chambres : l'une ayant une représentation proportionnelle des États, l'autre ayant une représentation égalitaire.

Notre interprétation des différences entre les préférences des petits et celles des grands groupes fait appel à une distinction entre deux niveaux de comparaison. La préférence des groupes numériquement minoritaires semble se fonder sur une comparaison simple du nombre total de représentants obtenu par chaque groupe. Pour eux, un groupe qui a plus de représentants qu'un autre aurait plus de pouvoir sur la prise de décision politique. Par conséquent, ils perçoivent cette inégalité comme injuste ; la justice nécessiterait l'égalité, étant donné que la valeur des groupes sociaux doit être la même quelle que soit leur taille numérique. Le niveau de comparaison engagé ici est clairement intergroupes.

Quant aux groupes qui sont numériquement majoritaires, leur préférence pour une distribution proportionnelle du pouvoir politique provient de leur évaluation des conséquences individuelles du nombre de représentants obtenu par chaque groupe. Dans ce cas-ci, ils prennent en considération le nombre d'individus dans l'endogroupe relativement au nombre d'individus dans l'exogroupe. Si la représentation est égalitaire, cela signifie que la minorité est surreprésentée et que les intérêts d'une minorité d'individus sont mieux servis que ceux de la majorité des individus dans la société. Cette forme d'évaluation est nettement différente de la première car elle implique un autre niveau de comparaison : les individus étant égaux en droits, leurs intérêts doivent être représentés d'une manière égalitaire. Pour eux, la surreprésentation des intérêts d'une minorité de gens est inadmissible.

Le niveau de comparaison impliqué ici est interindividuel catégoriel, pour le distinguer de la comparaison interindividuelle qui se fait entre individus du même groupe. Il est clair maintenant que ce niveau de comparaison est cohérent avec des revendications de justice individuelle tandis que le premier est cohérent avec la justice collective.

Remarquons néanmoins que les bénéficiaires qui sont impliqués dans la comparaison interindividuelle catégorielle ne doivent pas nécessairement être des individus particuliers. Bien que parfois ils le soient – par exemple, quand on compare nos résultats à ceux d'un membre de l'exogroupe –, en d'autres occasions, les comparaisons impliquent des « individus généralisés ». Tel est probablement le cas dans l'exemple de l'évaluation du verdict par les Noirs américains : pour eux, la proclamation de l'innocence des policiers blancs est simplement un autre exemple du bon traitement des Blancs et du mauvais traitement des Noirs.

Bien que le potentiel de violence soit présent dès qu'il existe une perception d'injustice, quel que soit le niveau de justice revendiqué, nous supposons que la forme, l'intensité et la durée du conflit sont différentes selon qu'on revendique la justice individuelle ou la justice collective. Des études comparatives de conflits ethniques en Afrique et en Asie montrent que ces conflits risquent beaucoup plus de se transformer en confrontations armées opiniâtres quand les revendications font appel aux droits collectifs, notamment le droit des groupes ethnoculturels à la souveraineté (Horowitz, 1985), que quand ils sont simplement motivés par des intérêts économiques précis. L'intensité de cette violence est en partie attribuée au fait que l'idée de l'État-nation est incompatible avec la coexistence de plusieurs États au sein d'une entité nationale plus large. En effet, les droits collectifs revendiqués par les groupes ethniques, autochtones et nationaux sont perçus par les gouvernements établis comme une menace directe à la souveraineté de l'État-nation.

L'analyse précédente n'implique pas que les revendications de justice individuelle figurent moins dans les conflits violents. En effet, ces deux formes de revendications se manifestent souvent ensemble, l'une étant le revers de l'autre. Par exemple, les groupes séparatistes entrent souvent en confrontation avec des groupes dominants qui veulent préserver la souveraineté, l'unité et l'intégrité de l'État aux dépens de la culture du groupe minoritaire ou autochtone. Dans ce cas, le groupe séparatiste réclame l'égalité de son droit à la souveraineté tandis que le groupe dominant renie la légitimité de cette demande en propageant une idéologie individualiste. Un autre exemple est la revendication de quotas pour l'emploi des membres de groupes minoritaires aux États-Unis. Ceux qui insistent sur la primauté des compétences individuelles s'opposent à ces demandes. Un troisième exemple provient de la Malaisie. Depuis l'indépendance du pays, une tension existe entre d'une part le peuple malais indigène, qui a institué des règles donnant la priorité à l'endogroupe dans les emplois publics et administratifs, et d'autre part les Chinois – dont les ancêtres ont immigré en Malaisie il y a plus d'un siècle –, qui demandent le respect des compétences individuelles dans les décisions d'emploi.

Selon Arendt Lijphart et Donald Horowitz, ces deux types de revendications sont opposées dans la majorité des conflits intergroupes contemporains. Le problème de la distribution du pouvoir politique et le contrôle des institutions de l'État sont au cœur de ces conflits.

2. Justice intergroupes et distribution du pouvoir

En général, la répartition du pouvoir politique dans les pays démocratiques est déterminée selon une idéologie individualiste et des principes qui favorisent les majorités (Lijphart, 1977, 1984). Ainsi, la quantité de pouvoir obtenue par un groupe serait proportionnelle au nombre d'individus qu'il contient. Dans certains pays, le pouvoir de la majorité est absolu, surtout dans la branche exécutive du gouvernement. Le contraste entre les États-Unis et les pays européens est un bon exemple de ce mode de fonctionnement. Aux États-Unis, le parti qui gagne les élections présidentielles forme le gouvernement simplement s'il reçoit plus de votes que les autres partis. Pour ce faire, il n'a pas besoin d'obtenir une majorité absolue des votes. En Europe continentale, un parti qui ne reçoit pas la majorité des votes est souvent obligé de former un gouvernement de coalition. Cela implique un pouvoir exécutif proportionnel au nombre de votes obtenus.

Notons que ces dynamiques électorales différentes partagent quand même une idéologie sous-jacente commune à tous les États-nations : l'idéologie de la souveraineté nationale qui permet la formation de partis politiques dans le but de contester le pouvoir mais qui n'admet pas ce genre d'organisation et de contestation pour les groupes ethnoculturels.

Selon cette idéologie, le gouvernement national possède le contrôle suprême – à l'intérieur de ses frontières territoriales – sur l'exploitation et la redistribution des ressources, ainsi que sur la définition et l'attribution des droits juridiques et politiques de ses citoyens, y compris le droit de citoyenneté lui-même. En d'autres termes, la souveraineté d'une nation exclut la participation ou l'interférence directe des autres « nations » – internes ou externes – dans la gestion et l'administration de ses affaires.

À l'intérieur des frontières territoriales des États-nations, cette idéologie préconise une relation directe entre l'individu, conçu comme « citoyen », et l'État. Les individus reçoivent leurs droits de citoyens des autorités qui gouvernent l'État et doivent en échange exprimer une loyauté exclusive à cet État. Dans ce contexte, la loyauté de l'individu à des groupes autochtones ou nationaux (ethnoculturels) ne doit pas intervenir. Par conséquent, l'identification avec les groupes ethnoculturels qui composent l'État perd sa légitimité tandis qu'inversement la justice individuelle apparaît de plus en plus légitime au regard de la justice collective.

Malgré l'accent mis par ces idéologies sur la justice individuelle, la persistance d'identifications ethnoculturelles, que nous allons analyser dans le chapitre suivant, a contribué à la formation d'une idéologie alternative qui exige le respect des droits collectifs et met l'accent sur l'importance du pouvoir pour le maintien des identités des groupes intermédiaires entre l'individu et l'État. Ces identités rendent saillants des principes de justice collective dans la distribution du pouvoir. L'injustice collective devient flagrante, notamment dans des conditions où le pouvoir central est contrôlé plus ou moins exclusivement par les membres d'un des groupes intermédiaires. Comme nous venons de le souligner, dans le contexte d'une idéologie démocratique individualiste, il est très probable que le groupe dominant soit celui qui est démographiquement majoritaire. Dans ces conditions, les membres des groupes exclus, souvent minoritaires, seraient inquiets face à l'éventualité de se voir exclus du pouvoir d'une façon permanente. Leur souci serait d'autant plus vif que le groupe dominant utilise son contrôle afin de définir l'identité de l'État à l'image de sa propre culture. Étant donné cette dynamique, on peut comprendre la crainte exprimée par les groupes minoritaires à l'égard de l'institution de la représentation proportionnelle et leur préférence pour la représentation égalitaire.

3. Partage du pouvoir et résolution du conflit

Puisque le pouvoir occupe une place centrale dans les conflits intergroupes, la réconciliation serait facilitée par l'établissement de modes de répartition du pouvoir qui permettent un compromis entre la justice individuelle et la justice collective, notamment un partage du pouvoir qui respecte la proportionnalité mais qui, simultanément, n'exclut pas les groupes minoritaires. Nous avons suggéré de tels arrangements dans un schéma conceptuel récemment développé (Azzi, 1993 ; Azzi et Jost, 1997). Partant d'analyses comparatives de constitutions démocratiques, ce schéma théorique définit la répartition du pouvoir sur les prises de décisions en fonction de deux paramètres : la proportion des représentants de chaque groupe et la proportion de votes requis pour la décision – cette dernière pouvant varier d'une majorité simple à l'unanimité. L'ensemble de combinaisons possibles de ces paramètres produit deux configurations dans la distribution du pouvoir : soit un des groupes possède un pouvoir unilatéral sur la prise de décisions, soit les groupes possèdent un contrôle mutuel ou multilatéral. La différence mentionnée ci-dessus dans les règles qui régissent la formation des gouvernements aux États-Unis et dans les pays européens est une bonne illustration de ces deux combinaisons.

En général, nos recherches ont montré que la principale source des perceptions d'injustice collective est l'absence d'un pouvoir de veto et non simplement la proportion de représentants que chaque groupe possède. Le pouvoir de veto d'un endogroupe est défini comme la proportion de votes qu'il possède pour empêcher l'exogroupe de déterminer seul la décision. Un pouvoir de veto peut donc être présent même dans un contexte où le pouvoir est réparti proportionnellement. Supposons, par exemple, deux groupes A et B qui représentent respectivement 70 % et 30 % de la population totale d'un pays. Si la distribution du pouvoir est proportionnelle, la proportion des représentants du groupe majoritaire A (70 %) serait plus grande que celle du groupe minoritaire. Mais si, en même temps, la proportion de votes requise pour parvenir à des décisions est plus petite que le nombre de votes possédés par le groupe majoritaire (60 %), la distribution proportionnelle donnerait alors à ce groupe-ci un pouvoir unilatéral sur la prise de décision. En d'autres termes, ce groupe n'a pas besoin de convertir des représentants du groupe minoritaire pour obtenir le nombre de votes requis pour la décision.

Supposons maintenant que la proportion des représentants du groupe majoritaire (70 %) est plus petite que celle des votes requis (75 %). Dans ce cas le pouvoir sur la prise de décision serait mutuel : le groupe majoritaire doit convertir une partie des votes du groupe minoritaire afin de rassembler le nombre de votes requis. Le nombre de votes du groupe minoritaire que le groupe majoritaire doit convertir constitue le pouvoir de veto du premier.

Notre analyse illustre la façon dont le contrôle mutuel peut être réalisé sans que les groupes reçoivent une représentation égale. En d'autres termes, tandis que la représentation proportionnelle respecte la justice individuelle, le contrôle mutuel fourni par la règle de vote supramajoritaire protège le pouvoir du groupe minoritaire.

Il faut cependant noter qu'il est improbable qu'un organe de prise de décision qui comprend un nombre assez large de représentants accepte d'exiger un nombre très élevé de votes. Une règle qui requiert une large majorité ou l'unanimité pourrait rendre inefficace le processus de prise de décision du fait qu'elle augmente la probabilité d'une indécision. Même dans les petits jurys de douze membres, les recherches montrent que la probabilité d'une indécision augmente quand le juge exige un vote unanime par comparaison à une situation où il demande un vote de majorité aux deux tiers (Davis, 1980).

Une solution potentielle à ce problème est alors la représentation égalitaire combinée avec une majorité simple. Mais nos recherches montrent que cette combinaison est rejetée par le groupe majoritaire parce qu'elle peut concentrer un pouvoir unilatéral dans une coalition qui représente moins de la moitié de la population totale et qu'en général, elle donne à une minorité un pouvoir disproportionné. De ce fait, elle constituerait une infraction à la justice individuelle. Une solution plus acceptable consisterait à établir une représentation proportionnelle avec une majorité simple mais en exigeant que cette majorité inclue des votes de chaque groupe. Cette solution est adoptée, par exemple, dans les délibérations parlementaires en Belgique. Quand le parlement doit prendre une décision qui concerne les intérêts ethnolinguistiques, l'adoption d'une décision exige l'accord d'une majorité des représentants néerlandophones et d'une majorité des représentants francophones.

L'avantage de cette solution réside dans le fait qu'elle garantit la justice individuelle par la représentation proportionnelle, l'efficacité par l'exigence d'une majorité simple, et la justice collective par l'exigence que la majorité simple inclue des voix de chaque groupe.

VII. CONCLUSION

Dans ce chapitre, nous avons survolé les théories qui tentent d'expliquer comment les relations intergroupes peuvent être tantôt harmonieuses et tantôt conflictuelles. Selon la théorie des conflits réels, la compétition entre groupes dans le but d'acquérir et de contrôler des ressources rares serait à l'origine du conflit. En revanche, des buts communs permettraient de produire des relations harmonieuses. La théorie des jeux propose une nuance en montrant que, même dans des conditions où les ressources sont rares, le choix de la compétition n'est pas inévitable : les groupes intéressés choisiront de négocier s'ils trouvent que le compromis produit un meilleur rapport entre leurs bénéfices et leurs coûts.

La théorie de la privation relative et les théories de justice complètent les approches précédentes en ajoutant que nous cherchons à établir la justice dans nos relations et que nous accepterons une répartition juste des ressources rares même si cette répartition ne maximise pas nos avantages. Selon ces théories, les comportements que nous déploierons dans le but de maximiser nos propres bénéfices seraient contraints par les normes de justice en vigueur.

Chapitre 3

Les identités collectives

Après avoir étudié comment le partage de ressources limitées pouvait intervenir dans le déclenchement et la persistance de conflits intergroupes, nous allons à présent examiner des travaux qui envisagent le rôle de motivations symboliques dans les relations intergroupes. Nous allons parcourir les deux principales théories « symboliques » des relations intergroupes : la théorie de l'identité sociale et son prolongement, la théorie de l'autocatégorisation. Ces théories affirment que la prise de conscience des différences entre groupes est suffisante pour produire la discorde, même en l'absence de compétition économique. La construction et la promotion d'identités collectives nécessitent, selon cette approche, une différenciation entre groupes qui se concrétise dans des comportements discriminatoires. Nous poursuivrons notre analyse en plaçant les motivations symboliques dans leur contexte historique. Nous établirons que la construction des identités collectives devient une motivation majeure seulement dans le contexte du contact intergroupes et interculturel. Nous terminerons notre survol en indiquant le rôle joué par le discours idéologique et nationaliste dans l'activation des dynamiques identitaires.

I. LA THÉORIE DE L'IDENTITÉ SOCIALE

Poursuivant la théorie des conflits réels, la théorie de l'identité sociale postule que les racines du conflit intergroupes se situent dans les relations entre les deux groupes et non dans des motivations ou des représentations purement individuelles. Henri Tajfel et John Turner ont tenté d'identifier la façon dont la nature de ces relations pouvait influencer le comportement individuel. L'interface entre relations intergroupes et individu est fournie par le concept d'identité sociale. Notre identité, la façon dont nous nous définissons, n'est pas uniquement déterminée par notre histoire personnelle, mais également par notre appartenance à des groupes sociaux. Ainsi, la nationalité ou la langue que l'on parle contribuent souvent à la façon dont nous nous définissons. L'*identité sociale* est :

> la partie du soi qui provient de la conscience qu'a l'individu d'appartenir à un groupe social (ou à des groupes sociaux), ainsi que la valeur et la signification émotionnelle qu'il attache à cette appartenance.
>
> H. Tajfel, *Human Groups and Social Categories.*

Mais qu'est-ce qu'un groupe ? Tajfel et Turner définissent un *groupe* comme :

> un ensemble d'individus qui se perçoivent comme membres de la même catégorie sociale, qui attachent une valeur émotionnelle à cette appartenance et sont parvenus à un certain accord quant à l'évaluation du groupe et de l'appartenance à ce groupe.
>
> H. Tajfel et J.T. Turner, « The Social Identity Theory of Intergroup Behavior », dans W. Austin et S. Worchel (éd.), *Psychology of Intergroup Relations.*

Le groupe n'est donc pas délimité par des caractéristiques structurelles ni par une quelconque interdépendance entre ses membres mais simplement par la conscience d'y appartenir. Le fait d'assumer une catégorisation et de se l'appliquer suffit à être membre d'un groupe. Avant d'examiner le rôle joué par l'identité sociale dans le comportement, il est nécessaire d'examiner les postulats essentiels de la théorie.

1. Comportement individuel et comportement intergroupes

Tajfel et Turner distinguent deux pôles qui définissent les interactions sociales. L'*interaction interpersonnelle* consiste en une interaction entre les individus, déterminée uniquement par leurs caractéristiques individuelles.

Ce cas hypothétique trouve peut-être son approximation la plus fidèle dans les relations que peuvent entretenir deux amis intimes. À l'autre pôle, l'*interaction intergroupes* consiste en une interaction qui est guidée exclusivement par les caractéristiques des groupes auxquels appartiennent les protagonistes.

Lors d'un match de football ou d'une guerre, on se rapproche généralement de cette situation. On suppose que l'adoption du pôle intergroupes va être associée à une plus grande similarité des comportements au sein de l'endogroupe ainsi qu'à une tendance à considérer l'exogroupe de façon indifférenciée. Il est évident que le choix d'un pôle dépendra fortement du contexte social. Ainsi, lors d'un conflit, il est fort probable que des individus appartenant à des groupes différents soient particulièrement enclins à se définir en fonction de leur appartenance.

2. Mobilité individuelle et changement social

Associé à l'axe individuel-intergroupes, on trouve un autre continuum, idéologique cette fois. Ce continuum est caractérisé par deux types de croyances extrêmes. La *croyance en la mobilité sociale* est fondée sur la conviction qu'il est possible de passer individuellement d'un groupe à l'autre dans la société.

La société est donc perçue comme perméable. L'idéologie libérale, selon laquelle on peut atteindre les sommets de la hiérarchie sociale à la force du poignet en est sans doute l'illustration la plus parlante. Inversement, la *croyance dans le changement social* est fondée sur la conviction qu'il est impossible de passer d'un groupe à l'autre.

Dans ce cas, c'est le groupe dans son ensemble qui doit lutter afin de modifier les relations intergroupes.

On peut supposer qu'un individu qui croit en la mobilité individuelle aura plus facilement tendance à se situer au pôle individuel alors qu'une personne qui adhère à la croyance en un changement social sera plus susceptible de se situer au pôle intergroupes. L'adoption d'un des pôles est évidemment déterminée fortement par la structuration objective de la société.

3. Le comportement social comme expression de l'identité sociale

L'objet principal d'une psychologie des relations inter-groupes consiste à déterminer de quelle façon l'appartenance à un groupe peut affecter le comportement. Précisément, Tajfel s'accorde à considérer comme *comportement inter-groupes* :

> tout comportement premièrement effectué par une ou plusieurs per-sonnes, deuxièmement dirigé vers une ou plusieurs autres personnes et troisièmement qui se fonde sur l'identification de ces acteurs à dif-férents groupes sociaux.
>
> H. Tajfel, dans H. Tajfel et J.C. Turner,
> « The Social Identity Theory of Intergroup Behavior », *op. cit.*

L'identité sociale est considérée comme le fondement du comportement intergroupes. Examinons la façon dont Tajfel et Turner articulent les deux concepts.

Premièrement, ils affirment que chacun souhaite jouir d'une estime de soi positive. Deuxièmement, les catégories sociales peuvent être connotées positivement ou négativement, et ces évaluations sont généralement partagées par les différents groupes et au sein de chacun d'entre eux. À son tour, l'iden-tité sociale serait affectée par ces évaluations : elle pourrait dès lors être positive ou négative. Ces évaluations seraient déterminées par la comparaison à des membres d'autres groupes sur des dimensions valorisées. Par exemple, si les membres d'un exogroupe sont perçus comme étant plus intelligents que ceux de mon groupe et que l'intelligence est une dimension importante à mes yeux, cela contribuera à rendre mon identité sociale négative. Dès lors que l'identité sociale est une partie du soi, on peut déduire de ces prémisses que l'on cherchera à développer une identité sociale positive afin d'augmenter l'estime de soi. Ce désir sera particulière-ment présent lorsque l'on se situe à proximité du pôle inter-groupes.

Comment va-t-on réagir lorsque les comparaisons sont en défaveur de l'endogroupe, c'est-à-dire lorsque l'identité sociale est négative ? L'individu va recourir à différents types de stratégies. Nous devons opérer ici une distinction entre des stratégies individuelles, dont l'unique fonction est de valoriser l'estime de soi individuelle, et les stratégies collectives, qui ont pour objet de valoriser l'image du groupe et donc l'identité sociale.

4. Stratégies individuelles

Lorsque la croyance en la mobilité sociale est bien ancrée et que le groupe d'appartenance contribue négativement à son identité sociale, il est possible que certains de ses membres le quittent et choisissent de s'identifier à un groupe plus prestigieux. C'est la stratégie que choisissent des héros balzaciens comme Eugène de Rastignac ou Lucien de Rubempré : ils cherchent avec des succès divers à se faire accepter par un groupe de plus haut statut que l'aristocratie de province en pénétrant dans les salons parisiens. Mais, comme le montre l'échec cuisant de Lucien, le succès de cette stratégie n'est garanti que si le groupe supérieur est prêt à accepter l'ambitieux. Changer de groupe est parfois irréalisable, en particulier si la stratification sociale est fort marquée ou si le groupe est défini par des caractéristiques dont on ne peut guère se débarrasser (groupes définis sur la base du sexe, de la couleur de peau...), ou encore si l'appartenance à ce groupe est caractérisée par un attachement émotionnel intense. Dans ces éventualités, il faudra recourir à des stratégies collectives.

5. Stratégies collectives
• La créativité sociale

Cette stratégie consiste à redéfinir les dimensions de comparaison. Une solution réside dans le choix d'une nouvelle dimension qui soit plus favorable à l'endogroupe. Ainsi un groupe défavorisé économiquement (comme les Wallons en Belgique) mettra en valeur son hospitalité ou sa bonne humeur. On peut également modifier la valeur accordée à la dimension de comparaison. Tajfel et Turner citent ici l'exemple le plus éloquent, le fameux « Black is beautiful » : alors que la peau noire était dévalorisée au sein de la société américaine, les Noirs américains ont cherché à redéfinir cet attribut à partir des années soixante-dix de façon positive. La troisième solution consiste à changer de groupe de comparaison. On choisira un groupe par rapport auquel on peut se différencier positivement.

• La compétition sociale

Cette stratégie vise à renverser les positions des deux groupes sur la dimension de comparaison utilisée. On va chercher à ce que l'endogroupe se différencie positivement par rapport à l'exogroupe, c'est-à-dire que les comparaisons entre les deux groupes lui soient favorables. On trouve l'illustration la plus parlante de cette stratégie dans le paradigme des groupes minimaux (Brewer, 1979 ; Tajfel, Flament, Billig, et Bundy, 1971). Il s'agit d'une situation expérimentale dans laquelle les sujets sont divisés en deux groupes sur la base d'une dimension purement arbitraire (jet d'une pièce de monnaie, préférences picturales...). Les groupes sont qualifiés de minimaux car leur seule réalité provient de cette catégorisation : les membres n'interagissent pas et la composition des groupes leur est inconnue. Les expérimentateurs demandent alors aux sujets de distribuer des récompenses à d'autres personnes identifiées uniquement par leur groupe d'appartenance. On constate que, dans une situation aussi artificielle, les sujets donnent plus de récompenses aux membres de leur groupe qu'à ceux de l'autre groupe bien qu'ils ne retirent aucun intérêt personnel à agir ainsi et que les groupes n'aient aucune signification en dehors du laboratoire. Précisément, la distribution de récompenses est la seule dimension qui permette de différencier les deux groupes. Par conséquent, les sujets l'utilisent afin de favoriser l'endogroupe.

Dans cette perspective, le conflit est perçu avant tout comme un moyen d'accéder à une identité sociale positive à travers une modification des positions des deux groupes sur une dimension de comparaison importante (pouvoir, richesse...). La compétition sociale offre également une explication de la discrimination. Comme dans le paradigme des groupes minimaux, la discrimination servirait à définir l'endogroupe positivement. Ainsi, en privant les membres de l'exogroupe de certains avantages sociaux, on rendrait les comparaisons entre endogroupe et exogroupe plus favorables au premier.

II. LA THÉORIE DE L'AUTOCATÉGORISATION

La théorie de l'autocatégorisation est un prolongement de la théorie de l'identité sociale. Elle a été élaborée par John Turner et ses collègues (Turner, Hogg, Oakes, Reicher et Wetherell, 1987). Selon Turner, nous pouvons nous catégoriser à plusieurs niveaux d'abstraction : comme des individus, comme des membres d'un groupe ou comme des êtres humains. En cela elle prolonge l'idée d'un continuum entre le pôle interpersonnel et le pôle intergroupes présent dans la théorie de l'identité sociale. Selon le niveau de catégorisation, nous percevrons également ceux qui nous entourent au même niveau. Ainsi, si un individu voit le joueur d'échecs Kasparov jouer contre un ordinateur, il le percevra comme un être humain alors que si Kasparov joue dans l'équipe d'échecs de Russie contre son pays, il le percevra avant tout comme un Russe. S'il boit un verre de vodka avec ceux de son équipe, il sera sans doute considéré avant tout dans son individualité.

Le choix d'une catégorie dépendra de deux éléments : son accessibilité et la correspondance entre cette catégorie et la réalité extérieure. L'accessibilité d'une catégorie dépendra entre autres des buts que l'on poursuit à un moment donné (si l'on est à la recherche de l'âme sœur, le sexe constitue une base de catégorisation importante), de la récence d'activation de cette catégorie (si l'on vient d'évoquer une catégorie lors d'une discussion, cette catégorie devrait être plus accessible) et de sa valeur émotionnelle dans la définition du soi.

La correspondance peut s'opérer à deux niveaux : on parle d'adéquation comparative pour désigner le fait que les similarités à l'intérieur des catégories sont plus importantes que les différences intercatégorielles. Si vous voyez trois femmes habillées en rouge qui cuisinent pendant que trois hommes habillés en brun tondent la pelouse, il est probable que vous catégorisiez ces personnes selon leur sexe car cette division est associée à des similarités au sein des catégories ainsi qu'à des différences intercatégorielles.

Imaginez à présent que vous voyiez nos trois hommes crier des slogans nazis pendant que les trois femmes arborent des portraits de Marx en appelant à la dictature du prolétariat. Il est probable que la catégorisation que vous choisirez ne se formulera pas en termes de sexe mais en termes d'appartenance politique. Les vêtements rouges des femmes et bruns des hommes accentueront la pertinence de cette catégorisation. Vous ne choisirez pas le sexe comme base de catégorisation parce qu'il ne permet pas de rendre compte des similarités et des différences de comportement et d'habillement. En revanche, l'appartenance politique offre une explication cohérente de ces caractéristiques de surface : nous savons pour la plupart que les communistes et les nazis n'ont guère d'affinités, que les communistes se fondent sur Marx, qu'ils aiment le rouge, que les nazis apprécient le brun, etc. L'appartenance politique est donc une dimension adéquate parce qu'elle est cohérente avec la réalité et nos théories existantes quant aux catégories politiques. On parle d'adéquation normative pour désigner cette correspondance entre la réalité et la catégorie en termes de contenu.

Comme nous le constatons, la catégorisation est associée à la comparaison. On suppose que le choix d'un niveau de catégorisation se fonde toujours sur une similarité au niveau de catégorisation supérieur. Ainsi, au niveau individuel, on se compare à d'autres membres de l'endogroupe ; en d'autres termes, c'est parce que nous appartenons tous au même groupe que la comparaison est permise. À ce niveau, on rejoint l'hypothèse principale de Festinger dans sa théorie de la comparaison sociale, c'est-à-dire que les comparaisons interpersonnelles se font entre individus qui se ressemblent : afin d'évaluer le salaire proposé à un psychologue dans une entreprise, la comparaison se fera avec d'autres psychologues mais pas avec les ingénieurs civils. Au niveau groupal, on se compare à d'autres êtres humains, et au niveau de l'espèce, on se compare à d'autres êtres vivants. Néanmoins, la catégorisation aurait pour conséquence d'une part d'inhiber la perception de différences au sein des catégories et d'autre part d'inhiber la perception de similarités à un niveau de catégorisation supérieur. Ainsi, l'opposition en termes d'appartenance politique dans l'exemple ci-dessus masque la perception d'une similarité à un niveau supérieur (les deux groupes appartiennent au genre humain). Il existerait donc un *anta-gonisme* entre les différents niveaux de catégorisation.

Cette perspective suppose que le processus de catégorisation résulte d'une transaction entre la réalité et l'observateur. La catégorisation donne un sens à une réalité indivisible. Elle ne consiste pas simplement à classer des objets sociaux isolés. Un même individu ne sera pas catégorisé de la même façon dans des contextes différents.

Le choix d'un niveau de catégorisation groupal a pour consé-quence que l'on se perçoit avant tout comme un membre de cette catégorie. On se considérera comme interchangeable avec les autres membres du groupe. C'est ce que Turner appelle le phénomène de *dépersonnalisation*. On va alors se définir selon les caractéristiques qui circonscrivent cette caté-gorie, c'est-à-dire le stéréotype du groupe. Il se forme ainsi un autostéréotype. Ce stéréotype n'est pas immuable. Il dépend du contexte de comparaison. On choisira le stéréo-type qui maximise le *métacontraste*, c'est-à-dire l'accentua-tion des différences intercatégorielles et des similarités intra-catégorielles.

Le membre d'une catégorie, réel ou imaginaire, qui maximise le métacontraste, est considéré comme le prototype du groupe : il représente le compromis entre la proximité des membres de l'endogroupe et l'éloignement par rapport à ceux de l'exogroupe. Ainsi, en présence de conservateurs, des sociaux-démocrates se définiront sans doute en termes de progressisme ou de valeurs de gauche. En revanche, face à des communistes, ils se considéreront comme modérés, comme partisans d'une économie de marché. Cet autosté-réotype du groupe est donc dépendant du contexte de comparaison. Le stéréotype n'a pas un contenu rigide et invariable.

Selon le même principe, le choix d'un niveau de catégorisa-tion groupal provoquera une perception indifférenciée de l'exogroupe. Le stéréotype de celui-ci sera formé des carac-téristiques qui maximisent les similarités entre membres de l'exogroupe tout en minimisant les différences intracatégo-rielles. Ainsi, pour les sociaux-démocrates, les conservateurs apparaîtront avant tout comme capitalistes et réactionnaires alors que les communistes seront perçus comme utopistes et révolutionnaires. À l'inverse, pour un groupe d'extrême-droite, les conservateurs seront sans doute conçus comme mous et pusillanimes.

Poursuivant la théorie de l'identité sociale, cette approche considère que les catégories dont on se définit comme membre sont évaluées positivement. Un membre d'une telle catégorie sera perçu sous un jour d'autant plus favorable qu'il se rapproche du prototype de cette catégorie. Par consé-quent, au niveau de catégorisation groupal, l'attraction entre les membres dépendra de la perception qu'ils sont proches d'un même prototype du groupe. On aime celui qui repré-sente le mieux le groupe. La cohésion du groupe se fonde donc sur une perception de similarité entre ses membres. Inversement, les membres d'un exogroupe seront évalués d'autant plus négativement qu'ils se rapprochent du proto-type de cet exogroupe. La différence est donc conçue comme l'origine du préjugé et de l'ethnocentrisme.

III. CONTACT INTERCULTUREL ET IDENTITÉS CULTURELLES

1. Culture, concept de soi et identité culturelle

Comme nous venons de le voir, deux composantes du concept de soi sont à distinguer : les identités personnelles, qui sont formées par les attributs physiques et psycholo-giques (traits de personnalité) qui nous sont propres – avoir les yeux bleus, être beau, gentil ou timide – et les identités sociales, qui correspondent aux attributs des catégories, rôles et groupes sociaux auxquels nous appartenons – être femme, étudiante, mère, française. Ces identités personnelles et sociales sont souvent latentes et ne sont activées que dans certaines situations. L'activation d'une identité particulière dépend du contexte social dans lequel nous nous retrouvons à un moment donné. Le fait d'être français ainsi peut être une identité sociale centrale de notre concept de soi, mais elle n'est saillante – ne se présente à notre esprit – qu'à certains moments, par exemple quand nous sommes à l'étranger.

Selon la théorie de l'autocatégorisation, le contenu même d'une identité sociale – la représentation que l'on s'en fait – est variable. Nous possédons pour la même identité sociale (par exemple, libanais) plusieurs représentations qui sont stockées dans des régions différentes de notre mémoire. Chacune de ces représentations est définie par un contraste particulier : ma représentation de mon identité « libanais » se définit différemment selon que le groupe de comparaison soit « algérien », « français » ou « congolais ». Ces représentations multiples de la même identité ne sont toutefois pas activées en même temps.

Par conséquent, la représentation identitaire d'un endogroupe qui se trouve activée à un moment donné dépend de l'exogroupe qui est saillant et avec lequel nous comparons l'endogroupe. Si la saillance de l'identité « algérien » se fait dans le contexte d'une comparaison avec « français », notre attention est alors attirée sur les différences entre Algériens et Français. Mais quand l'identité « algérien » devient saillante dans une comparaison avec « nigérien », le contraste se fait entre ces deux derniers groupes. La dimension « religion » serait plutôt saillante lors de la première comparaison, et la dimension « race » ou « langue » serait saillante dans la tentative de distinguer « algérien » de « nigérien ».

Nous avons déjà insisté sur le fait que la représentation, l'image ou le stéréotype que nous nous faisons de notre identité sociale n'est pas nécessairement précise, claire, stable ou immuable. Au contraire, elle s'avère flexible, imprécise et changeante. En outre, il est possible que les différentes images de la même identité sociale soient associées à des charges émotionnelles différentes en fonction des sentiments associés à l'exogroupe qui y correspond. Une charge émotionnelle se définit sur une échelle d'intensité et est vécue sous la forme d'un sentiment d'attachement à l'endogroupe correspondant.

2. Deux formes d'identification culturelle

Si nous plaçons les dynamiques identitaires décrites dans les sections précédentes dans leur contexte historique, nous pouvons alors proposer que ces dynamiques caractériseraient plutôt la psychologie du monde moderne et occidental. Afin d'expliquer et de justifier cette proposition, nous devons nous pencher sur une distinction entre deux aspects du soi, établie au début du siècle par George Herbert Mead (1934) : le « je » et le « moi ».

> **Définition :** le *je* est cette partie du soi qui est immergée dans l'action et dont nous ne sommes pas conscients. Il est constitué par l'ensemble des habitudes automatisées de l'individu.
>
> En revanche, le *moi* est l'aspect du soi qui est représenté mentalement par l'individu ; c'est une image de soi-même qui est construite, ou bien à partir d'une observation partielle du « je » ou bien à partir de l'image de nous que renvoient ceux qui nous entourent.

C'est le « moi » et non le « je » qui correspond aux termes contemporains de « concept de soi » et d'« identité ». Il n'est donc pas synonyme de « conscience de soi ». Car on peut être conscient de nos actions, pensées et émotions sans que cette conscience se traduise nécessairement en une image objective de soi, dans le sens que le soi devient l'objet de réflexion. Le « moi », étant limité à la représentation qu'on se fait de soi-même durant les moments de réflexion, correspond à une construction et re-présentation, plutôt qu'à une « perception » directe du soi en action. Dans ce sens, il correspond à la notion d'identité sociale présentée dans la section précédente.

Partant de cette distinction opérée par Mead, nous pensons que l'identification groupale en général, et culturelle en particulier, revêt deux formes différentes, l'une ressemblant au « je », l'autre au « moi ». La première, que nous appellerons une *identification implicite*, correspond à des situations où l'individu est immergé dans la culture de son groupe, agissant et pensant en fonction des valeurs, symboles et règles culturelles qu'il a intériorisés, sans en être conscient.

Comme le proposent les anthropologues Clifford Geertz et Ernst Gellner, la culture est ici vécue mais pas représentée. L'absence d'une prise de conscience de la culture et du groupe auquel elle est associée est mise en évidence dans plusieurs études de psychologie sociale.

La deuxième forme d'identification, qui correspond au « moi », est *explicite* et consiste en une représentation directe de l'identité groupale et de la culture qui lui correspond. Ici l'individu est conscient d'une identité culturelle qu'il essaie de définir et de représenter d'une façon explicite.

3. Nationalisme culturel et identités culturelles

Nous avançons que la forme explicite d'identification culturelle est le produit du contact culturel. Nous sommes ainsi en accord avec la théorie de l'autocatégorisation car nous estimons que les identités ne peuvent devenir explicites que dans un contexte de comparaison et que le contact culturel est le mécanisme sociologique principal qui permet cette comparaison. Mais nous allons au-delà de cette théorie en ajoutant que l'identification explicite est aussi le produit d'un discours social développé par des mouvements idéologiques et nationalistes. Cela signifie, par exemple, que la forme explicite de l'identification culturelle apparaît historiquement après l'émergence du nationalisme culturel et qu'elle est absente avant son émergence. On peut alors définir, ainsi que l'ont fait anthropologues (Anderson, 1983 ; Geertz, 1977 ; Gellner, 1983), sociologues (Horowitz, 1985 ; A.D. Smith, 1981) et historiens (Breuilly, 1985), le nationalisme culturel comme un phénomène récent, un phénomène lié intimement à l'apparition des États-nations. Avant l'avènement de ce nationalisme, et à quelques exceptions près (le « nationalisme » juif sous l'empire romain), les individus avaient rarement une image claire de leur groupe culturel. Certainement, ils pouvaient être conscients de leur appartenance à un groupe local, mais cette identification consistait simplement en leur adhésion aux normes, coutumes et rituels de ce groupe dont les frontières n'étaient ni visibles ni clairement fixées. À cette adhésion s'ajoutait parfois l'utilisation d'un « nom » se référant à ce groupe. Néanmoins, c'était une identification sans image, sans représentation figée ou précise de l'identité, un type d'identification qui ressemble au « je » de Mead.

Bien que le contact culturel caractérise les relations humaines à toutes les époques historiques, l'ampleur et l'étendue de ce contact durant les deux derniers siècles sont telles que le nationalisme culturel – qui prône une forme explicite d'identification culturelle où la culture est l'objet de réflexion et de reconstruction sociale et idéologique – devient inévitable. C'est avec le nationalisme que des représentations explicites du groupe ethnique, national et culturel commencent à se former.

Ces représentations sont au départ formulées par une minorité, souvent constituée par une élite politique et intellectuelle, qui essaie alors de mobiliser la population et de la persuader de l'existence d'un groupe culturel historique rattaché à un territoire bien délimité. Selon l'historien et sociologue Anthony Smith, c'est l'association du réveil culturel avec un territoire national qui est à l'origine des pressions visant à définir la culture d'une façon explicite et précise, mais surtout homogène et exclusive. Au contraire de l'identification inconsciente et implicite, qui ressemble au « je » immergé dans l'action mais non conscient de lui-même, l'identification explicite suscitée par le discours nationaliste est une construction, du fait de sa nature explicite, publique et communicative, qui se veut claire, cohérente, différenciatrice et fixe.

Nous supposons que l'émergence de l'identification culturelle explicite ne peut laisser intacte l'identification implicite. En général, cet effet semble être négatif, dans le sens d'une déstabilisation de l'identification culturelle implicite, surtout si le contact interculturel qui en est à l'origine est soudain et global (on parle alors de choc culturel). Ce genre de contact a lieu quand une communauté est colonisée par une culture différente, ou lors de la migration d'un milieu rural à un milieu urbain, ou encore lors de l'immigration dans un nouveau pays. Le contact interculturel dans ces circonstances produit des relations asymétriques entre groupes culturels.

En général, le groupe culturel qui détient le pouvoir sur les institutions économiques, politiques et militaires détiendrait aussi le pouvoir sur la définition de la culture de ces institutions. Le groupe culturel qui est exclu du pouvoir se retrouve dans une situation telle que son intégration au sein de ces institutions demanderait l'adoption d'une culture autre que la sienne. Les membres de ce dernier groupe, désirant une intégration socio-économique, se retrouvent confrontés à la nécessité d'un apprentissage rapide de nouvelles règles de communication, d'échange, de travail et de comportement dans les lieux publics et privés.

Sachant que, comme le langage, les règles culturelles intériorisées par les individus ne sont pas transmises explicitement aux membres de l'endogroupe culturel mais s'acquièrent graduellement lors du développement individuel au sein de la famille et de la communauté, on peut facilement entrevoir la difficulté qu'aurait un individu immergé soudainement dans un milieu culturel différent. Même si cet individu est entouré de compatriotes, il devient difficile de fonctionner selon les règles implicites définies dans la culture d'origine. En effet, le contact interculturel, associé à une subordination de la culture ancestrale à la seconde culture, force une prise de conscience des différences entre les règles adoptées dans l'une et l'autre. Cette prise de conscience permet pour la première fois la mise en question des valeurs et croyances associées à la culture ancestrale. Ajoutons que cette prise de conscience ne se limite pas au groupe « subordonné » ; le contact interculturel force aussi une telle prise de conscience chez les membres du groupe dominant.

De plus, comme le notent plusieurs théories sur l'évolution du nationalisme (Breuilly, 1985 ; Gellner, 1983 ; Smith, 1981), le passage d'une identification culturelle implicite à une identification culturelle explicite requiert une transformation de la culture – d'un ensemble hétérogène et divers de coutumes, symboles et valeurs, à une entité cohérente et homogène. Il faut remarquer que c'est la perception de sa propre culture comme un objet de réflexion qui est à l'origine de cette prise de conscience de son incohérence. Nous pensons que le contact interculturel joue le rôle de facilitateur de cette perception plutôt que de cause déterminante. Les conséquences émotionnelles et fonctionnelles de cette prise de conscience sont suffisamment sérieuses pour que les individus qui se retrouvent dans cette situation se sentent presque automatiquement catapultés dans une de deux directions suivantes : soit une dissociation totale d'avec la culture ancestrale et un désir d'assimilation à la seconde culture (dont le but est l'accomplissement d'une identification implicite avec la nouvelle culture), soit un réveil culturel visant à redéfinir la culture ancestrale d'une façon plus cohérente, pure et homogène (*cf.* Berry, 1984).

L'identification culturelle explicite, promue par le discours nationaliste, permet de figer une image particulière et précise d'une identité culturelle. C'est en partie par réaction à la flexibilité de l'identité culturelle dans sa forme implicite que le discours nationaliste se veut intransigeant. Cette intransigeance produit des pressions sociales sur les individus dans le but de fixer une image précise de l'endogroupe dans leur esprit (par exemple, musulman, Flamand, Québécois). Cette cristallisation est généralement obtenue en fixant la comparaison sur un exogroupe particulier (chrétien, francophone, Canadien anglophone). Ici, nous dépassons le cadre des théories de Tajfel et Turner car nous supposons qu'en fixant une image identitaire sur un exogroupe particulier, le discours nationaliste rend le contenu de cette image moins flexible et moins dépendant du contexte de comparaison. Par exemple, le nationalisme arabe n'a pas marqué la définition de l'identité marocaine autant qu'il a marqué la définition de l'identité syrienne. En effet, ce nationalisme mettait l'accent sur le contraste, premièrement entre la nation arabe et la nation turque ottomane, et deuxièmement entre la nation arabe et la nation juive. En outre, les relations avec ces deux exogroupes ont été vécues plus intimement par les Syriens que par les Marocains. Cela expliquerait l'intransigeance de la politique étrangère syrienne et l'incapacité des régimes syriens successifs à forger une identité et une politique nationale indépendante du discours nationaliste arabe.

Le discours idéologique nationaliste est lui-même à double tranchant du fait de la coexistence d'une tendance d'émancipation (de différenciation) et d'une tendance hégémonique (d'assimilation et d'homogénéisation). Ainsi, la tendance d'émancipation du nationalisme français s'est exprimée historiquement par comparaison aux identités allemande, anglaise et, récemment, américaine. En ce sens, le Français aurait tendance à se définir en se différenciant de ces cultures. En revanche, la tendance hégémonique de ce nationalisme s'exprime par rapport aux communautés autochtones (alsaciens, bretons, corses) et immigrées (algériens). Dans ce sens, la définition de la nation française nécessite la réduction des différences culturelles au sein de la nation, soit par l'assimilation des membres des cultures minoritaires différentes, soit par leur expulsion du territoire de la nation.

L'impact du discours nationaliste est facilité par les moyens de communication de masse mis à la disposition des groupes politiques dans les États-nations modernes. Ces médias sont d'autant plus efficaces que les individus sont atomisés dans des réseaux de relations sociales primaires de plus en plus réduits. Les individus mènent une existence bien segmentée. Ils possèdent plusieurs identités qui coexistent séparément et indépendamment les unes des autres ; chacune opérant dans une sphère spatio-temporelle bien déterminée. De ce fait, leur fonctionnement social dans les lieux et les institutions de la vie publique devient possible seulement à partir de règles de communication, de lois juridiques et d'une langue communes à tous quelles que soient leurs origines ethno-culturelles (Gellner, 1983). Certains se trouvent mieux équipés pour s'adapter à ce milieu car leur culture d'origine s'est fondue avec celle de l'État et les institutions économiques et sociales dans lesquelles ils doivent fonctionner dans leur vie quotidienne. Mais d'autres, notamment les immigrés et les membres de minorités autochtones, ne sont pas aussi bien équipés car leur répertoire culturel ne correspond pas à celui qui est fonctionnel dans la vie publique quotidienne. Afin d'expliquer les réactions éventuelles des individus face à cette situation, des psychologues sociaux canadiens ont proposé une théorie de l'acculturation que nous allons exposer dans la section suivante.

4. Identités uni- et pluriculturelles

Selon la théorie de l'acculturation proposée par Berry (Sabatier et Berry, 1994), les individus confrontés au contact interculturel se poseraient deux questions : est-ce important de maintenir son identité culturelle ? Est-ce important de promouvoir des relations positives avec l'exogroupe ? Les quatre combinaisons de réponses à ces questions produisent quatre orientations identitaires différentes :

– une réponse positive à ces deux questions correspond à une orientation d'intégration. Cela signifie que l'individu désire maintenir sa culture d'origine et en même temps acquérir une autre culture. Le produit est un multiculturalisme au niveau individuel ;

– si l'individu désire maintenir sa culture mais rejette le contact interculturel, son orientation serait séparatiste. Le résultat est ici une identité uniculturelle ;

– un rejet de la culture d'origine combiné avec une attitude favorable envers le contact caractériserait une orientation d'assimilation à l'autre culture. Ici aussi, le résultat serait une identité uniculturelle ;

– enfin, s'il rejette sa propre culture et la culture dominante, il est qualifié de marginal. Ce dernier cas ne constitue pas une orientation identitaire en tant que telle. On observe d'ailleurs qu'il est généralement associé – à travers par exemple la formation de « gangs » – à des comportements autodestructeurs visant l'individu lui-même et la communauté dans laquelle il vit. Nous avons déjà souligné qu'une orientation d'assimilation peut parfois mener à une identité marginale. Tel est le cas quand l'individu qui se dissocie de son groupe d'origine et tente de s'assimiler à une autre collectivité échoue parce qu'il est rejeté par celle-ci.

Une déduction importante de ce modèle concerne la possibilité du biculturalisme ou du multiculturalisme au sein de l'individu. Cette déduction va à l'encontre des postulats de la théorie de l'autocatégorisation. Bien que l'individu puisse éprouver des difficultés et dilemmes au contact d'une autre culture (choc culturel), il ne faut pas sous-estimer sa capacité (avec le temps et l'apprentissage) à intégrer plusieurs cultures et plusieurs identités – au sens d'une intériorisation de valeurs provenant de sa culture d'origine ainsi que d'une ou de plusieurs autres cultures. Ce processus est illustré par notre capacité à apprendre plusieurs langues. À notre connaissance, il n'y a aucune raison psychologique pour qu'un processus d'intégration multiculturelle intra-individuel soit intrinsèquement difficile, problématique, ou source de dysfonctionnements. Si l'on observe souvent des problèmes et dysfonctionnements suite au contact interculturel, c'est à des facteurs d'ordre sociologique et idéologique, et non psychologiques, qu'il faudrait les attribuer. Ces facteurs sont situés au niveau de la structure d'interdépendance économique, politique et culturelle entre les groupes sociaux et au niveau du discours idéologique nationaliste qui est engendré par cette interdépendance. En d'autres termes, ce sont les pressions de discours nationalistes opposés qui produisent le dilemme au niveau de l'individu : d'une part, les sous-groupes politiques appartenant à l'endogroupe produisent un discours nationaliste qui réclame un réveil culturel et une identité purifiée de toutes les influences externes. D'autre part, un discours émanant de l'État (et donc de la communauté dominante) appelle à l'assimilation ou à l'intégration au sein d'une culture moderne et individualiste. L'individu est de ce fait tiraillé, non pas entre deux communautés proprement dites, mais entre être un « individu », un « citoyen » autonome avec peut-être des identités pluriculturelles, ou être un membre loyal d'une communauté culturelle ayant des frontières fermées.

IV. CONCLUSION

Dans ce chapitre, nous avons mis en évidence le rôle central joué par les identités collectives dans les relations inter-groupes. Dans un premier temps, nous avons analysé le rôle déterminant du besoin de distinguer et de différencier nos groupes d'appartenance d'autres groupes sociaux sur la qualité de nos relations avec ceux-ci. Ici les dynamiques identitaires étaient analysées comme cause et les relations inter-groupes comme effet. Nous avons aussi discuté les stratégies individuelles et collectives qui seraient adoptées par les membres de groupes dévalorisés. Dans un deuxième temps, nous avons examiné les dynamiques identitaires en tant que produits historiques de certaines tendances dans les relations intergroupes. Ici, nous avons mis l'accent sur le rôle du contact interculturel et du discours nationaliste dans l'activation du besoin de différenciation intergroupes. Nous avons insisté sur le fait que la difficulté d'intégrer au niveau individuel des identités culturelles multiples n'était pas nécessairement le résultat de contraintes psychologiques mais plutôt de contraintes d'ordre idéologique et institutionnel.

Chapitre 4

Le comportement collectif

L'importance que nous avons attribuée au discours nationaliste dans la définition des identités sociales remet en question un postulat présent dans cet ouvrage, selon lequel il existe naturellement une homogénéité au sein des groupes sociaux : la théorie des conflits réels présuppose l'adhésion de tous les membres d'un groupe à des objectifs communs ; les théories de la privation relative et de justice considèrent comme évidente la légitimité de certaines règles de justice ou d'attentes sociales ; enfin, les théories de l'identité sociale et de l'autocatégorisation supposent l'homogénéité à l'intérieur d'un groupe à propos de la définition des catégories sociales et de leurs caractéristiques.

Dans le présent chapitre, nous proposons une analyse des mécanismes qui permettent la formation d'un consensus relatif au sein d'un groupe social et qui préparent ainsi les individus à coordonner leurs actions afin de produire un comportement collectif. Nous allons d'abord découvrir que le consensus au sein d'un groupe social ne peut pas être considéré comme donné. Il est plus juste de le considérer comme une variable à étudier en elle-même. Nous allons analyser comment ce consensus se forme à partir de processus d'influence sociale opérant au sein du groupe. Nous allons étudier aussi que le comportement collectif est souvent organisé par des groupes politiques minoritaires, qui doivent franchir des obstacles divers avant de réussir à mobiliser une collectivité et à produire un comportement collectif. Notre postulat principal au cours de cette analyse est que le comportement collectif n'est pas facile à produire ou à gérer et que les dynamiques de la relation entre ces minorités et la population qu'elles prétendent représenter sont des facteurs déterminants dans la production du comportement collectif.

I. PROCESSUS D'INFLUENCE SOCIALE

1. L'importance du consensus

Le fait que le consensus ne soit pas assuré est bien illustré par les nombreuses divisions qu'on observe dans les mouvements collectifs. Par exemple, le parti nationaliste basque a toujours demandé l'autonomie mais également le maintien des bonnes relations avec le gouvernement central espagnol, tandis que le mouvement militant ETA préfère la séparation complète et prône l'utilisation de la violence pour parvenir à ce but. Nous avons cité plus haut l'exemple des divisions au sein de la communauté noire aux États-Unis à propos des revendications et des relations souhaitées avec les Blancs durant le mouvement en faveur des droits civiques. Les exemples sont nombreux. Ainsi, les médias rapportent que les Tamouls au Sri Lanka mènent une guerre de libération et de séparation ; en fait, il existe plusieurs factions tamoules, et celles qui sont les plus militantes sont celles qui ont perdu les élections locales. Le parti nationaliste du pays de Galles, Plaid Cymru, a contesté les élections depuis sa formation en 1925, avec une plate-forme demandant la promotion de la langue galloise et l'autonomie de la région ; il n'a réussi à gagner aucune élection jusqu'à présent. Durant la guerre civile au Liban entre chrétiens et musulmans, des altercations intermittentes se produisaient entre factions au sein de chaque communauté. Les revendications séparatistes et l'usage de la violence par l'IRA en Irlande du Nord ne reçoivent pas le soutien de tous les partis politiques catholiques de la région.

Nous pensons que le consensus est problématique même quand il s'agit de la représentation sociale du groupe et de ses frontières. Cette représentation est en général définie sur la base de croyances dans l'interdépendance historique, territoriale, institutionnelle, linguistique et culturelle entre ses membres. Mais ces croyances sont elles-mêmes des produits sociaux diffusés par des historiens, idéologues et hommes politiques. Et si nous regardons ce problème de plus près, nous verrons que ceux-ci ne sont pas d'accord. En effet, un des débats les plus persistants depuis la formation des États-nations concerne le contenu de l'enseignement scolaire de l'histoire du pays : quelles sont les origines exactes du pays ? Qui sont les « citoyens » originaux d'une nation ? Les Français sont-ils vraiment des Gaulois, les Danois des Vikings, et les Libanais des Phéniciens ? La définition des groupes sociaux dans leurs dimensions temporelles (historiques) et spatiales (géographiques) est en effet l'enjeu principal des conflits intra- et intergroupes.

Enfin, nous pensons que la perception d'une privation relative et de l'injustice ne peut pas s'expliquer uniquement à partir de jugements individuels. L'expression collective des revendications ne peut pas provenir du fait que tous les membres d'un groupe soient par hasard parvenus à la même opinion. Le trajet qui relie ces facteurs individuels à l'action collective passe lui aussi par les processus d'influence sociale, qui permettent la reconnaissance sociale de l'existence d'une injustice et la sélection d'une modalité d'action pour éliminer cette injustice. La notion même de privation relative implique une idéologie de mobilité sociale qui persuade les individus que la progression sur l'échelle socio-économique est un droit individuel.

2. Conformité et consensus

Jusqu'à la fin des années soixante, les recherches en influence sociale portaient essentiellement sur le conformisme et l'obéissance. On se demandait comment une majorité (un groupe) parvenait à contraindre une minorité ou un individu isolé à adopter sa propre norme. Selon cette approche, l'individu serait dépendant du groupe à deux niveaux. D'une part, le groupe lui offrirait des informations permettant de valider sa perception de la réalité. Ainsi, lorsque l'on est confronté à un stimulus ambigu, la réponse du groupe fournirait des informations sur la réalité objective de ce stimulus. D'autre part, l'individu serait dépendant du groupe en termes normatifs, la déviance étant associée à des punitions et le conformisme à des récompenses. L'exemple classique de ce processus est l'expérience de Asch (1956) : dans cette expérience, la tâche consistait à choisir parmi trois lignes celle qui avait la même longueur qu'une ligne étalon. La bonne réponse était aisément perceptible. Néanmoins, une majorité (en réalité des complices) fournissait parfois une réponse erronée avant que le sujet cible ne réponde. On constate approximativement 30 % d'erreurs en direction de la majorité. Les sujets se plieraient à l'influence du groupe de peur d'encourir les sanctions liées à la déviance. Bien que le stimulus soit dépourvu d'ambiguïté, la majorité parviendrait à contraindre l'individu à adopter son point de vue.

Jusqu'à cette expérience, le conformisme était jugé comme une réponse adaptée, le monde étant conçu comme uniforme et identique pour tous. En revanche, la déviance était perçue comme une réponse dysfonctionnelle.

Cette conception de l'influence sociale offre une image statique du fonctionnement social. Elle explique uniquement l'uniformisation des attitudes, des comportements au sein d'un groupe social. En aucun cas ne rend-elle compte du changement social, c'est-à-dire de la façon dont les normes adoptées au sein d'un groupe se transforment. L'expérience de Asch démontre que le conformisme peut conduire à des réponses inadaptées. L'uniformisation vers la norme du groupe ne reflète pas toujours le meilleur ajustement à la réalité extérieure. Parfois, des réponses nouvelles, différentes peuvent offrir une meilleure réponse – à un monde lui-même mouvant. Il suffit de penser aux grands scientifiques qui ont fait des découvertes déterminantes en allant à l'encontre des normes établies (ex. : Galilée, Einstein, Darwin...). Ces réponses proviennent forcément d'une minorité d'individus qui échappent à la norme. Par conséquent, les minorités ne sont pas uniquement la cible d'influence, elles en sont également la source.

C'est pourquoi il semblait nécessaire de s'intéresser à la façon dont la création de nouvelles idées, de nouvelles normes ou la modification de normes anciennes, en d'autres termes l'*innovation*, peut se produire. Par quels processus, à quelles conditions une minorité peut-elle influencer une majorité jusqu'à lui faire adopter sa propre norme ? Cette question est pertinente pour l'explication du conflit intergroupes, car nous supposons que la mobilisation d'une population pour une action collective est initiée par des minorités.

Mais tout d'abord qu'entendre par minorité ? On peut définir une minorité numériquement. Mais, selon le contexte social, une minorité numérique peut devenir une majorité (ex. : un groupe migrant au sein d'une ville ou d'un ghetto). On peut aussi la définir comme proposant une norme alternative par rapport à la norme dominante indépendamment de son importance numérique. En tout état de cause, le concept de minorité est toujours relatif à un contexte social donné. Il n'y a pas de minorité « objective ». C'est pourquoi nous utiliserons ici la définition de *minorité* choisie par Doms et Moscovici :

> [...] une petite fraction ou un petit nombre d'individus qui partagent certains jugements, certaines valeurs ou certains comportements, lesquels diffèrent toujours de ceux que partage la fraction plus nombreuse (majorité) de quelque groupe important de référence.
>
> M. Doms et S. Moscovici,
> « Innovation et influence des minorités », dans S. Moscovici,
> *Psychologie sociale*, PUF, 1984, pp. 51-99.

3. Confrontation et conversion

Pour Moscovici (1980), l'influence et le conflit social sont intimement liés. L'influence peut servir à créer le conflit. Lorsqu'une minorité propose une vision alternative, contraire à la norme, elle se constitue *de facto* comme groupe dissident recherchant à rompre le consensus actuel afin d'en établir un nouveau. L'influence peut aussi servir à résoudre le conflit, comme dans le cas d'une influence majoritaire. Dans cette perspective, l'influence est bidirectionnelle. Chacun, majorité comme minorité, est simultanément source et cible d'influence. L'influence apparaît alors comme un processus de négociation à travers lequel chacun essaye de résoudre le conflit pour aboutir à un consensus.

Selon Moscovici, l'influence des majorités et l'influence des minorités fonctionnent selon deux processus différents. La majorité produirait une influence normative sur la cible d'influence. Elle la forcerait à adopter sa norme. Lorsque l'individu, cible d'influence, recevrait de la majorité une réponse différente de la sienne, il s'engagerait dans un processus de comparaison sociale à cette majorité, faute de comprendre pourquoi il s'est trompé. Il comparerait donc sa perception à la réponse de la majorité. La position de celle-ci apparaît comme socialement vraie. Le sujet n'aurait aucune raison de s'en différencier, d'autant plus que la déviance risque d'être associée à des coûts symboliques indésirables (rejet, sanction...). Par conséquent, l'individu adopterait alors publiquement la réponse de la majorité sans s'interroger sur la validité de celle-ci. C'est sa position vis-à-vis de la source plutôt qu'une considération de l'objet du message qui interviendrait avant tout. En dépit de son accord, au fond de lui-même, sa vision de la réalité resterait inchangée. Ses réponses privées ne seraient pas affectées par l'influence. Cette influence de la majorité sur les réponses publiques est qualifiée par Moscovici de *compliance*. Une telle influence aurait exclusivement des effets directs : elle n'affecterait que les réponses relatives au stimulus qui a fait l'objet de l'influence.

La minorité exercerait un autre type d'influence, l'*innovation*. Selon Moscovici, chacun est motivé à rechercher un accord. Le désaccord engendre la menace, la tension, l'incertitude. Chacun penserait qu'il existe des réponses « normales » sur n'importe quel sujet, réponses qui refléteraient la réalité extérieure. En créant une alternative à la norme existante, la minorité produirait un conflit. L'introduction du point de vue alternatif de la minorité aurait pour conséquence d'inciter l'individu à examiner scrupuleusement son point de vue afin de déterminer ce qui a bien pu amener la minorité à émettre une nouvelle norme. Cet examen de la position de la minorité est qualifié par Moscovici de processus de validation. Elle se centre avant tout sur l'objet du message. Si la cible parvient effectivement à la conclusion que la position de la minorité est cohérente avec la réalité extérieure, elle adoptera son point de vue. On appelle conversion une telle adhésion, fondée sur un examen de la position de la minorité et non sur une simple crainte de perdre la face. Ce type d'influence s'exercera plus facilement sur les réponses privées, qui reflètent l'intime conviction de la cible, que sur les réponses publiques, car le groupe est toujours susceptible de sanctionner la déviance. En outre, comme le processus de validation repose sur une inférence, c'est-à-dire sur la construction d'un raisonnement permettant d'expliquer la relation entre réalité extérieure et réponse, l'adhésion à ce raisonnement peut également modifier l'attitude de la cible sur des objets connexes. Par exemple, la découverte d'un principe de tolérance comme fondement d'une politique en faveur de la dépénalisation de l'avortement peut avoir pour conséquence d'influencer les attitudes à l'égard de la contraception. Les minorités seraient particulièrement susceptibles de susciter une telle influence indirecte. Leur présence n'aurait pas pour unique effet de convaincre la cible qu'il existe *une* autre réponse possible : elle lui ferait prendre conscience que la réalité peut être perçue de façon plurielle, qu'il existe des normes différentes. De cette façon, elles stimuleraient la créativité. On a ainsi pu montrer que les minorités produisent des réponses qui sont non seulement différentes de celles de la majorité mais également différentes de celles de la minorité (Nemeth, 1986). En recherchant le principe organisateur de la position de la minorité, la cible est donc amenée à formuler de nouvelles hypothèses quant à la nature de cette réalité.

4. L'impact des minorités

Influencés par la théorie de l'identité sociale, Mugny et Pérez (1991) ont étendu le modèle de Moscovici à la mise en évidence des dynamiques identitaires sous-jacentes au phénomène d'innovation. Mugny conserve la perspective duale du modèle de Moscovici en considérant deux processus centraux : la comparaison sociale et la validation. Sa contribution étant surtout originale au niveau du premier aspect, nous nous concentrerons exclusivement sur celui-ci.

Une situation d'influence reposerait, selon Mugny, sur trois activités.

Premièrement, une activité de catégorisation. Cette catégorisation correspondrait à une division de l'espace social en différentes entités. Dans une situation d'influence, on distingue généralement deux groupes : celui auquel on appartient, qui est en faveur de notre position initiale, et la minorité, qui propose une norme alternative. La deuxième activité, qualifiée d'indexation, consisterait à affecter des attributs aux catégories ainsi définies. Ces attributs sont dérivés en partie du stéréotype des catégories en présence. Enfin, à travers la troisième activité, l'autoattribution, l'individu se place dans cet espace social en s'attribuant les caractéristiques de l'un des deux groupes. Il s'agit là d'un processus d'identification. L'influence d'une minorité dépendrait alors en grande partie d'un tel mécanisme. Accepter son message reviendrait à s'y identifier. Or, selon la théorie de l'identité sociale, on va rechercher, à travers l'identification à un groupe, à acquérir une identité positive, c'est-à-dire à la définir selon des traits que l'on valorise.

Pour tester empiriquement la validité de ces propositions, Mugny, Rilliet et Papastamou ont présenté leur étude à leurs sujets comme portant sur la « déviance » (négativement connotée) ou « l'originalité » (positivement connotée). Lorsque la minorité est associée à des attributs positifs, elle est plus efficace. En acceptant l'influence de la minorité « originale », les sujets s'attribuent donc ses caractéristiques positives.

En outre, une minorité appartenant à l'endogroupe devrait avoir plus d'influence qu'une minorité appartenant à un exogroupe car la catégorisation suppose une réduction des différences au sein des catégories et une augmentation des différences intercatégorielles. Adopter le message de la minorité appartenant à l'endogroupe apparaît donc comme une forme de favoritisme pro-endogroupe qui répond au même désir de différenciation que celui qu'on observe dans le paradigme des groupes minimaux. En accord avec cette prédiction, les endogroupes sont généralement des rhétoriciens plus efficaces que les exogroupes.

Dans l'étude de Martin (1988), des lycéens devaient formuler leur opinion sur le montant d'une bourse d'études avant et après avoir été confrontés à un message provenant d'une minorité. Cette minorité était catégorisée comme appartenant à un endogroupe ou à un exogroupe. Dans trois expériences différentes, Martin a manipulé la dimension sur laquelle était effectuée cette catégorisation : école, sexe ou tendance à sous-estimer ou à surestimer le nombre de points sur un écran, créant de ce fait des groupes minimaux. Martin a également manipulé le degré de publicité des réponses. Soit elles faisaient l'objet d'une discussion, soit elles étaient insérées dans une urne, restant privées. Quelle que soit la dimension choisie, l'endogroupe était plus influent que l'exogroupe mais uniquement sur les réponses publiques. Cet effet peut paraître surprenant lorsque l'on sait que, généralement, l'influence des minorités est plus marquée sur les réponses privées. Pourtant, Mugny et Pérez considèrent que l'effet du groupe d'appartenance est exclusivement lié à la compliance. Si les sujets adoptent la réponse de l'endogroupe, c'est avant tout pour répondre à des besoins identitaires et non pour aboutir à une représentation « exacte » de la réalité.

Dans le même ordre d'idées, Clark et Maass (1988) ont présenté à leurs sujets le compte rendu supposé d'une discussion sur l'avortement. Alors que quatre sujets défendaient une position, les deux autres défendaient la position adverse. Dans ce compte rendu, on faisait varier l'université d'appartenance des membres de la minorité et de la majorité. De cette façon, les sujets étaient confrontés simultanément aux messages des deux groupes. Une minorité appartenant à l'endogroupe provoquait des changements d'attitude plus marqués qu'une minorité appartenant à l'exogroupe. Les membres de l'endogroupe sont également apparus comme plus crédibles.

Pourtant, dans certains cas, une minorité définie comme appartenant à un endogroupe a moins d'effet que si elle appartient à un exogroupe. Dans une autre expérience de Martin (par ailleurs similaire aux précédentes), soit les membres de l'endogroupe étaient décrits négativement et ceux de l'exogroupe positivement, soit l'inverse. On présentait alors des messages provenant de l'une des deux sources. Assez logiquement, les groupes définis positivement avaient plus d'influence que les groupes définis négativement. Mais, surtout, l'exogroupe positif avait plus d'influence que l'endogroupe positif, ce qui est contraire à une application directe de la théorie de l'identité sociale. En réalité, de tels résultats peuvent s'expliquer par le fait que lorsque l'exogroupe est défini positivement, l'endogroupe est forcément défini négativement. Dans un tel contexte, les sujets sont confrontés à ce que Mugny et Pérez nomment un conflit d'identification. Ils sont placés dans un groupe dont ils ne souhaitent pas s'attribuer les traits négatifs. Dans une telle situation, ils n'ont pour autre voie que de s'écarter de leur groupe en acceptant le message de l'exogroupe, qui leur fournira une identité positive.

Le modèle de Mugny et Pérez permet d'expliquer les effets des différentes variables qui affectent l'impact des minorités. Ainsi un style de négociation rigide aurait pour effet de présenter la minorité comme un exogroupe très clair, peu ouvert à l'identification. En outre, la rigidité étant peu valorisée socialement, on ne souhaiterait pas s'attribuer cette caractéristique en s'identifiant à la minorité. Pour ces deux raisons, ce style atténuerait l'influence de la minorité. La flexibilité offrirait le bénéfice inverse d'être positivement valorisée tout en étant plus perméable à l'identification. Quant à la psychologisation (qui consiste à présenter le point de vue de la source comme résultant de traits psychologiques), elle désunit la minorité, la transformant en une somme d'individus distincts. Par conséquent, les cibles ne peuvent y satisfaire des motivations liées à l'identité sociale. Le niveau de comparaison étant rendu individuel, le biais pro-endogroupe que traduirait l'influence se dissipe. En revanche, la consistance (maintien d'une position cohérente indépendamment de l'opinion majoritaire) a l'effet inverse de renforcer la saillance du groupe. Ceci expliquerait pourquoi une minorité qui propose un message consistant exerce une influence plus marquée qu'une minorité inconsistante. Enfin, la dissidence après un accord préalable avec la majorité rend l'identification à la minorité plus facile par rapport à une situation où d'emblée elle se présente comme exogroupe.

En définitive, Mugny et Pérez reprennent ici la première partie du modèle de Moscovici en considérant que les minorités peuvent aussi provoquer de la compliance. Néanmoins, ils remplacent le moteur de l'influence : ce ne sont plus les motivations liées à la présentation de soi et à la reconnaissance par le groupe mais des processus socio-identitaires qui sont rendus responsables de la compliance.

5. Autocatégorisation et influence sociale

Une autre approche du rapport entre catégorisation, identification et influence est proposée par Turner (1991). Dans la
lignée de sa théorie de l'autocatégorisation, Turner indique
que la catégorisation est au cœur du processus d'influence.
Se catégoriser au sein d'un groupe aurait pour conséquence
d'en adopter la norme. On s'attend à ce que le groupe dans
lequel on se catégorise ait une perception de la réalité en
accord avec la nôtre. C'est pourquoi, selon Turner, une
minorité appartenant à l'endogroupe sera plus influente
qu'une minorité issue de l'exogroupe.

Il n'y a plus de distinction entre une validation individuelle
et une influence normative fondée sur des processus de
comparaison sociale. Toute validation, affirme Turner, est
fondée sur un processus de comparaison sociale : on ne peut
considérer qu'une position est valide que si l'on suppose que
d'autres percevront la réalité de la même façon. Si Galilée est
intimement persuadé que la Terre tourne autour du Soleil,
c'est parce qu'il pense qu'à partir des mêmes outils et observations, *consensuellement acceptés*, tout autre scientifique parviendrait à la même conclusion. Toute conviction est donc
fondée sur la certitude que des personnes similaires pense-
raient de la même façon.

Si l'on accepte la réponse du groupe, c'est donc parce qu'en
regard de la réalité évaluée, on se perçoit comme similaire aux
autres membres du groupe. Dès lors, on adhère à leur
réponse aussi bien publiquement qu'en privé. Ainsi, dans
l'expérience de Asch, le conflit est créé par le fait que, eu
égard à la tâche proposée (évaluer des lignes), on se perçoit
comme similaire aux autres sujets (comme eux, on dispose
d'une acuité visuelle suffisante pour évaluer la longueur des
lignes). Par conséquent, on s'attend à un consensus. Ce
consensus refléterait les qualités objectives du stimulus plutôt
que des caractéristiques personnelles. L'incertitude apparaît
lorsqu'il existe un désaccord entre l'individu et l'endogroupe
quant à la nature du stimulus. En revanche, un désaccord
avec des membres de l'exogroupe est moins susceptible de
générer l'incertitude dès lors qu'il peut être attribué à une
différence entre soi et les membres de l'exogroupe.

Comment expliquer l'écart entre influences directe et indirecte ? D'où provient l'aspect latent de l'influence des minorités ? Turner propose une hypothèse qui n'a malheureusement pas été suffisamment testée. Selon lui, lorsque l'on se situe à un niveau de comparaison intragroupes, les membres de la minorité peuvent apparaître comme un exogroupe. Par conséquent, leur influence directe sera faible. Dès lors, si l'on considère un contexte plus large, la minorité peut être catégorisée comme en réalité plus proche de l'endogroupe que les autres exogroupes potentiels, le rapport de métacontraste étant faible. Ce sera particulièrement le cas si cette minorité est dissidente et a donc appartenu à l'endogroupe, si elle est flexible (et lui est ouverte), si elle est prête à effectuer des compromis ou si son message est cohérent avec des normes de l'endogroupe. Dans ce cas, elle pourra néanmoins exercer une certaine influence au niveau indirect. Maass, Clark et Haberkorn (1982) ont obtenu des données compatibles avec cette prédiction. Dans leur expérience, une minorité appartenant à un exogroupe avait plus d'influence si elle proposait un message en accord avec le *Zeitgeist*, c'est-à-dire l'« esprit du temps », l'« idéologie dominante ». Cette position a sans doute contribué à ce que le sujet se catégorise comme membre du même groupe que la minorité à un niveau de catégorisation élevé. Par conséquent, il adhère à la norme proposée par cette minorité et correspondant à ce niveau de catégorisation supérieur. Quoique cette formulation soit intéressante, Turner n'explique pas par quels mécanismes un niveau de comparaison plus élevé induit des influences plus indirectes.

Par ailleurs Turner et ses collègues récusent que la distinction entre influences sur les réponses publiques et privées reflète d'une part la compliance et d'autre part la conversion. Les réponses publiques serviraient à communiquer et à établir la norme du groupe. Il est d'ailleurs inconcevable que celle-ci s'établisse sur une base purement privée. Alors que l'expression publique refléterait un niveau de catégorisation groupal, l'expression privée serait plutôt associée à une catégorisation au niveau individuel. Dans ce cas-là, la norme du groupe n'influencerait donc pas sa réponse. Mais en aucun cas elle ne refléterait plus l'intime conviction de l'individu. Il se produirait simplement un changement de norme.

II. L'ORGANISATION DU COMPORTEMENT COLLECTIF

Comme nous l'avons indiqué plus haut, la mobilisation des individus dans le but de créer une action collective est généralement le produit de l'initiative prise par une minorité au sein d'un groupe social. Les obstacles auxquels cette minorité fait face sont nombreux. Étant donné que les recherches sur l'influence sociale en psychologie sociale ne se sont pas penchées particulièrement sur le problème de la mobilisation, nous allons développer nos propres arguments, qui sont en partie formulés à partir des théories et recherches en sciences politiques.

1. La reconnaissance sociale des acteurs collectifs

Dans le monde contemporain, on observe une variété de groupes sociaux en quête de la reconnaissance de leur droit à exister en tant qu'acteurs sociaux représentant les intérêts d'entités collectives légitimes. Ils ne recherchent pas seulement cette reconnaissance de la part d'un gouvernement auquel ils s'opposent ou qu'ils contestent, mais aussi de la population qu'ils prétendent représenter, et parfois d'une audience internationale. L'Organisation de Libération de la Palestine, l'Armée Républicaine Irlandaise, les diverses organisations féministes et homosexuelles, et même certaines sectes religieuses comme l'église de Scientologie en Europe constituent des exemples divers de ces organisations. Mais les contraintes idéologiques imposées par l'organisation sociale du monde contemporain en États-nations sont des obstacles importants à l'efficacité mobilisatrice de ces mouvements.

Le premier obstacle provient de la croyance dominante que toute organisation qui se revendique comme garante d'intérêts collectifs est en effet formée de membres individuels qui ont volontairement et d'une façon autonome choisi d'adhérer à ces intérêts. Dans ce sens, les groupes qui contrôlent le pouvoir diffusent une idéologie présentant ces orga-nisations comme défendant exclusivement les intérêts de leurs membres, qui ne sont pas nécessairement consonants avec ceux de la collectivité dans son ensemble. C'est l'une des stratégies favorites des gouvernements qui font face à des mouvements séparatistes ou à des insurrections régionales ou ethniques. L'OLP a toujours été considérée comme une organisation terroriste par le gouvernement israélien. Celui-ci voulait dissocier les intérêts revendiqués par cette organi-sation des intérêts de la population palestinienne. Le groupe dominant peut aussi utiliser cette stratégie contre certains membres de l'endogroupe. Quand des miliciens juifs attaquent des civils palestiniens ou des lieux de prière musul-mans, la réaction automatique du gouvernement israélien consiste à décrire les responsables comme dérangés et donc comme non représentatifs de l'opinion et des intérêts du peuple israélien.

Un autre obstacle provient du lien direct supposé par la notion de souveraineté nationale entre les droits de l'individu et la sécurité nationale. Toute action qui s'oppose à la poli-tique du gouvernement peut facilement être interprétée comme une menace pour la sécurité nationale. Le défi qui s'offre aux minorités est de parvenir à réclamer leur légitimité et celle des intérêts collectifs qu'elles représentent d'une manière qui ne porte pas atteinte à la souveraineté nationale. Par exemple, la première réaction des autorités policières et gouvernementales américaines au mouvement pour les droits civiques était d'accuser les participants d'être des espions communistes dont le but était de déstabiliser la nation et non pas de promouvoir les droits des citoyens américains. Il est très possible que cette réaction ait indirectement favorisé les efforts de mobilisation paisible de M.L. King par rapport aux efforts du mouvement séparatiste et violent des « Panthères Noires ». Le discours de King exprimait inlassablement une loyauté inconditionnelle à la constitution nationale et mettait l'accent sur la citoyenneté des Noirs dans sa légitimation des revendications qu'il avançait en leur nom.

2. La croyance en l'efficacité de l'action collective

Un des plus grands obstacles à la mobilisation collective réside dans la difficulté d'induire parmi les membres de l'endogroupe la croyance en l'efficacité de l'action collective par rapport à une orientation individuelle. Nous proposons au moins trois composantes d'une telle croyance.

La première est la croyance en l'efficacité de l'action collective elle-même, dans le sens où :

– cette action est à même de réaliser certains des objectifs collectifs ;

– les autres membres de l'endogroupe sont prêts à y participer ;

– le groupe possède les ressources nécessaires pour faire face à l'éventuelle réaction de l'exogroupe.

On peut très bien supposer que si ces trois composantes sont absentes, les chances d'une mobilisation populaire sont nulles.

En outre, la première croyance pourrait être contrecarrée par la forte croyance que d'autres solutions, individuelles, sont plus prometteuses. Les individus, désireux d'éviter les conséquences incertaines et potentiellement négatives d'une participation à une action collective non légitimée par les autorités, auraient tendance à croire que les stratégies individuelles sont plus sûres et plus efficaces. On peut fort bien imaginer les discours antagonistes des minorités, désireuses d'affaiblir les croyances en l'efficacité des stratégies individuelles, et des autorités, qui s'emploient à renforcer ces mêmes croyances. Étant donné que les autorités disposent de plus de ressources et d'un contrôle plus grand sur la diffusion des informations statistiques, on peut facilement entrevoir l'avantage dont elles disposent dans cette guerre de mobilisation.

Enfin, nous pouvons parler d'une croyance en l'efficacité de la participation personnelle dans l'action collective. La mobilisation pour une action collective aurait plus de chances de réussir si les membres de l'endogroupe croient que leur participation personnelle permet de réussir. La création d'une telle croyance semble être un défi, si l'on étudie les résultats des recherches sur la paresse sociale qui montrent l'effet opposé, et les observations faites par les économistes et politologues (Olson, 1971 ; Hechter, 1985) concernant le phénomène du « free-riding » – nous laissons les autres agir et participer tout en nous attendant à partager en tous les cas les profits collectifs engendrés par leurs actions.

3. L'organisation interne des groupes mobilisateurs

Selon le modèle et les recherches de Moscovici, les minorités auraient un plus grand impact à long terme si elles réussissent à maintenir l'unité dans leurs rangs et à persister dans leur position malgré les pressions de la majorité ou des autorités. Le maintien de l'unanimité au sein d'un groupe social est crucial pour qu'il ait un impact, particulièrement quand il préconise des actions ou opinions non normatives. Les facteurs qui contribuent à la création et au maintien de ce consensus au sein de la minorité n'ont malheureusement pas fait l'objet de recherches en psychologie sociale. Mais on apprend, grâce à certains travaux en sciences politiques que l'organisation interne est un facteur important dans la mobilisation politique et sociale (Hechter, 1985, Tilly, 1978). Ces travaux critiquent en effet la théorie de la privation relative qui décrit la violence collective comme si elle était le produit de l'agrégation fortuite de frustrations individuelles. Les auteurs préconisent que la majorité des actions collectives impliquant la confrontation intergroupes trouvent leur origine dans une organisation sociale et ne peuvent pas être purement des explosions spontanées. Bref, il y a toujours des « meneurs », et les chances qu'une action collective a de durer dans le temps sont intimement liées à leur degré d'organisation. En outre, selon la théorie économique de l'action rationnelle, l'investissement consenti par les meneurs en termes de temps, d'effort et de risque est important et exige, pour être maintenu, une certaine forme de rémunération ; l'existence d'une organisation ayant une distribution de pouvoir interne et des règles de promotion permet la création d'une rémunération symbolique et potentiellement financière.

III. CONCLUSION

Les idées exposées dans ce chapitre indiquent que le comportement collectif impliqué dans les relations intergroupes se produit par le modelage et l'harmonisation des perceptions et motivations individuelles. Ce modelage est lui-même le produit de processus d'influence sociale. À travers ces processus, les individus sont confrontés à plusieurs sources d'influence : certaines visent à les convaincre de se rassembler et d'agir collectivement dans le but de promouvoir des intérêts collectifs ; d'autres visent à décourager la concertation collective. Nous avons aussi remarqué qu'il est important de prendre en compte le contexte culturel, historique et sociopolitique qui fournit les ressources idéologiques et technologiques de communication et d'organisation. Celles-ci facilitent la concertation en vue de l'action collective mais, simultanément, elles lui font obstacle dès lors qu'elles peuvent véhiculer des messages allant à son encontre.

Conclusion

Afin de clore notre survol des connaissances actuelles sur les relations intergroupes, nous souhaitons soulever la question de la définition des concepts principaux. L'intérêt manifesté par la psychologie sociale et les sciences sociales pour les relations intergroupes provient en partie d'une conception de ces relations comme étant souvent problématiques et conflictuelles. Cette conception se rapproche de la conception de la maladie en médecine. Comme une maladie, le conflit serait un problème dont il faut comprendre l'étiologie afin d'en trouver le remède. L'harmonie dans les relations serait, à l'inverse, analogue à la bonne santé. La connotation négative associée au conflit selon cette conception est, à notre avis, regrettable. On pourrait, par exemple, imaginer des relations harmonieuses entre maîtres et esclaves, entre dictateurs et population sans pour autant les considérer comme des modèles à reproduire. On pourrait aussi observer les débats et conflits interminables au sein des parlements sans pour autant les considérer comme des signes de dysfonctionnement. En effet, la plupart d'entre nous s'accorderaient à considérer le débat comme l'indice d'un fonctionnement normal de la démocratie et son absence comme un indice de dysfonctionnement. Pourquoi alors cette conception des relations intergroupes devient-elle problématique dès lors que ces relations sont conflictuelles ? Nous pensons que cette approche est regrettable car elle repose sur une confusion conceptuelle entre le conflit, que nous définissons comme un comportement d'opposition, et la violence collective qui est une des manifestations possibles du conflit intergroupes. L'interprétation de la violence collective ne se fonde pas nécessairement sur les mêmes facteurs que l'explication du conflit intergroupes. Nous rappelons aux lecteurs qu'au début des années quatre-vingt des manifestations impliquant des *millions* d'individus ont eu lieu dans plusieurs pays d'Europe de l'Est (Pologne, Arménie) sans qu'elles aboutissent à des confrontations violentes. Elles ont plutôt abouti à des changements dans la structure des relations sociales qui étaient souhaités par les populations intéressées ainsi que par la communauté internationale. Cet exemple suggère que le conflit est un aspect intégral des relations sociales, qu'elles soient interpersonnelles ou intergroupes, et que, dans un sens, il contribue profondément à l'évolution de ces relations, à condition qu'il ne se transforme pas en conflit armé aux conséquences irréversibles. Malheureusement, nous sommes confrontés à une situation paradoxale : notre mission consiste à fournir des idées susceptibles de contribuer à la prévention de la violence collective mais, simultanément, les théories disponibles confondent conflit violent et non violent. Il reste à espérer que des recherches futures combleront cette lacune.

Bibliographie

*Ouvrages classiques et récents reprenant les théories
présentées dans cet ouvrage*

ALLPORT G.W. (1954). *The Nature of Prejudice*, Reading MA
Addison-Wesley.

AUSTIN W. et WORCHEL S. (éd.) (1979). *The Social Psychology
of Intergroup Relations*, Monterey, Brooks/Cole.

BILLIG M. (1976). *Social Psychology and Intergroup Relations*,
London, Academic Press.

BOURHIS R. et Leyens J.-P. (éd.) (1994). *Stéréotypes, discrimination et relations intergroupes*, Bruxelles, Mardaga.

BREWER, M.B. (1979). « Ingroup Bias and the Minimal
Group Paradigm : a cognitive-motivational Analysis », *Psychological Bulletin*, n° 86, pp. 307-324.

BROWN R.J. (1988). *Group Processes : Dynamics Within and
Between Groups*, Oxford, Blackwell.

DEUTSCH M. (1985). *Distributive Justice*, New Haven, Yale
University Press.

DOISE W. (1976). *L'Articulation psychosociologique et les Relations entre groupes*, Bruxelles, De Boeck.

DOVIDIO J. et GAERTNER S. (éd.) (1986). *Prejudice, Discrimination and Racism*, New York, Academic Press.

HEWSTONE M. et BROWN R.J. (éd.) (1986). *Contact and
Conflict in Intergroup Encounters*, Oxford, Blackwell.

LEVINE R.A. et CAMPBELL D.T. (1972). *Ethnocentrism :
Theories of Conflict, Ethnic Attitudes and Group Behavior*,
New York, Wiley.

LEWIN K. (1948). *Resolving Social Conflict*, New York,
McGraw-Hill.

LEYENS J.-P., YZERBYT V. et SCHADRON G. (1996). *Stéréotypes et Cognition sociale*, Bruxelles, Mardaga.

LUCE R.D. et RAIFFA H. (1957). *Games and Decisions*, New
York, Wiley.

MACKIE D.M. et HAMILTON D.L. (éd.) (1993). *Affect, Cognition, and Stereotyping : Interactive Processes in Group Perception*, New York, Academic Press.

MEAD G.H. (1934). *L'Esprit, le Soi et la Société*, Paris, PUF (1963).

MOSCOVICI S. (1979). *Psychologie des minorités actives*, Paris, PUF.

MUGNY G., OBERLE D. et BEAUVOIS J.-L. (1995). *La Psychologie sociale 1. Relations humaines, groupes et influence sociale*, Grenoble, Presses universitaires de Grenoble.

PÉREZ J.-A. et MUGNY G. (1933). *Influences sociales : la théorie de l'élaboration du conflit*, Lausanne, Delachaux et Niestlé.

SHERIF M. (1966). *In Common Predicament : Social Psychology of Intergroup Conflict and Cooperation*, Boston, Houghton Mifflin.

SHERIF M., HARVEY O.J., WHITE B.J., HOOD W.R. et SHERIF C.W. (1967). *Intergroup Conflict and Cooperation : the Robbers Cave Experiment*, Norman, The University of Oklahoma Press.

TAJFEL H. (1981). *Human Groups and Social Categories*, Cambridge, Cambridge University Press.

TAJFEL H. et TURNER J.T. (1986). « The Social Identity Theory of Intergroup Behavior », dans W. Austin et S. Worchel (éd.), *Psychology of Intergroup Relations*, Chicago, Nelson Hall.

TAYLOR D.M. et MOGHADDAM F.H. (1987). *Theories of Intergroup Relations : International Social Psychological Perspectives*, New York, Praeger.

THIBAUT J. et KELLEY H.H. (1959). *The Social Psychology of Groups*, New York, Wiley.

TURNER J.C. (1987). *Rediscovering the Social Group : a Self-Categorization Theory*, Oxford, Blackwell.

TURNER J.C. (1991). *Social Influence*, Buckingham, Open University Press.

TYLER T.R., BOECKMANN R.J., SMITH H.J. et HUO Y.J. (1997). *Social Justice in a Diverse Society*, Oxford, Westview Press.

WALSTER E., WALSTER G. et BERSCHEID E. (1978). *Equity: Theory and Research*, Boston, Allyn et Bacon.

ZANNA M. et OLSON J. (éd.) (1994). *The Psychology of Prejudice*, Hillsdale, Lawrence Erlbaum.

... *et au-delà de la psychologie sociale*

BREUILLY J. (1985). *Nationalism and the State*, Chicago, The University of Chicago Press.

GEERTZ C. (1973). *The Interpretation of Cultures*, New York, Basic Books.

GELLNER E. (1987). *Culture, Identity and Politics*, Cambridge, Cambridge University Press.

GURR T.R. (éd.) (1989). *Handbook of Political Conflict*, New York, Free Press.

HOBSBAWM E. (1990). *Nations and Nationalism since 1780: Programme, Myth, Reality*, Cambridge, Cambridge University Press.

HOROWITZ D.L. (1985). *Ethnic Groups in Conflict*, Berkeley, University of California Press.

RUNCIMAN W.G. (1966). *Relative Deprivation and Social Justice*, Berkeley, University of California Press.

SMITH A. D. (1981). *The Ethnic Revival in the Modern World*, Cambridge, Cambridge University Press.

VAN DEN BERGHE P.L. (1981). *The Ethnic Phenomenon*, New York, Elsevier Press.

WIEVIORKA M. (1994). *Racisme et Xénophobie en Europe*, Paris, La Découverte.

Index

Les **t)pos**

12/05
9,00

043563-(IV)-(1)-OSB 80-PPC-MER

Dépôt légal de la 1 re édition : 1er trimestre1998

Imprimé en France par I.M.E. - 25110 Baume-les-Dames

Suite du 1er tirage

Dépôt légal : mai 2005